大展好書 好書大展

大展好書 好書大展

社會人智囊

14

我一定能成功

立木惠章　著
李玉瓊　譯

大展出版社有限公司

序　文

人世間有所謂的「天才」。

藝術的天才、數學的天才、運動的天才、科學的天才、發明的天才、賭注的天才、文學的天才、醫學的天才等等。如果具體地列舉天才的姓名，則有牛頓、愛因斯坦、愛迪生、莫札特、蕭邦、達爾文、梵谷、畢卡索、畢達哥拉斯、考克、亞克沙・克莉斯汀、etc……。幾乎不勝枚舉。

如眾所知，這些人生前秉賦堪稱天才的優異資質，在各個範疇上成就令人讚歎的豐功偉業。因此，我們對他們由衷地肅然起敬。同時，也對他們刮目相看。

——這些天才和我們一般人原本就不一樣。

換言之，我們把天才看成是超塵脱俗，走在雲端上的人。就連國語字典上，也帶著這樣的語意說明。

「天才——天生具備卓越的智慧才能、創造性才華。」

果真如此嗎？所謂的天才真的是天生的能力、才華嗎？

不，我並不認為。前述的先哲偉人，所留下的豐功偉業確實令人讚歎，而堪稱是天才，但是，我認為那並非天份的造就，多數是後天的努力，且是嘔心泣血的努力所帶來的成果。

發明之王愛迪生的名言也引喻此意。

「偉大的發明是百分之一的靈感和百分之九十九的努力所創造……！」

在日本也有類似的名言。「所謂天才是努力不懈者的異名……！」

我們以鋼琴家為例說明吧。實際傾聽鋼琴家的演奏時，那悠揚美妙的樂聲，令人沉醉其中。何以彈奏得如此美妙？如此華麗？如此地流暢呢……。動人的樂曲自然令聽眾忍不住向鋼琴家喝采。

但是，這位鋼琴演奏家並非天生就能彈奏如此令人陶醉的樂曲。這乃是自幼勤練鋼琴的結果。據説一首曲子若不勤練數千回乃至上萬回，根本無法成為真正的鋼琴家。由此可見，鋼琴家是何等努力的人。

所有的成功都是同樣的道理。例如，日本實業家松下幸之助（松下電器）

、本田宗一郎（HONDA）、鳥居信治郎（SANTORI）、中內功（DAIEI）、盛田昭夫（SONY）、小林一三（阪急）。

聽聞這些超級大人物（可謂商業天才）的名稱，有些人即把他們當做特殊人物看待，而事實也不然。不論表面上多麼光彩榮耀，追根究柢他們也是非常普通的人。所不同的是，他們遠超過一般常人，一再地創下偉大的業績。

為什麼？其實這乃是他們充分地發揮天生腦力的結果。如此才獲得成功。

那麼，為什麼他們辦得到呢？

有各種不同的因素，其中之一是「信念」。換言之，這些偉大的經營者對於自己所描繪的構想，懷抱著絕大的自信與信念，認為「辦得到！」「有可能！」而勇往直前。也許這可以說是一種堅定不移的執著。

足以翻天覆地的強烈信念，乃是導致他們走向成功的根源。因為，信念是一種魔術。

各位是否曉得，人的腦中存在著一百四十億～一百五十億的腦神經細胞？換言之，「每一個人毫無例外地都具備如此龐大的巨寶（腦力）。」但是，很可惜的是，實際上我們所使用的腦力資源尚不及全體的三分之一。所謂「暴殄天物」莫此為甚。真是可惜啊！

而其重要的原因，乃在於人天生持有的否定性態度。

換言之，負面的自我認定過於強烈所致。譬如，以我們東方人為例，一般對於常識性的事物，表現的是肯定而接納的態度，至於略微超越常識範疇的事物，立即強烈地表現拒絕、排斥的態度。具體的反應，諸如「不能」「根本辦不到」「不符合道理」「簡直愚蠢」「怎麼做出這種事」等等……。

特別是腦筋好、堪稱「聰明人」的族羣，這種傾向更為強烈。

事實上，造成腦力減弱的最大元凶，正是負面的自我認定。根據最近的科學研究，發現覺得不行或辦不到等消極性、否定性的態度，很容易使腦波變成β波，而認為絕對沒問題、一定辦得到的肯定性、積極性的態度，反而使腦波易呈α波。無庸贅言，β波是使腦力減弱至最低的腦波，而α波則是讓腦力做最大限度發揮的腦波。

由上述的研究即可明白，前述超級經營者們的成功，秘密乃在於把所有一切認定可為，並且把「可為」的觀念提升到堅定不移的信念。因此，他們能夠把天賦的腦力做最大限度的發揮，一再地造就永續不滅的豐功偉業。

《成功哲學》的作者拿破崙・皮爾曾說：

「堅定不移的信念會把你的思考改變成『力量』。信念會突破你的界限，信念將變成另一種自信，使你變成『挑戰者』。」

如果你由衷地渴望成功，應立即捨棄懦弱或否定性的態度。而把所有一切以肯定性、前瞻性的態度，認為是「可為」。從這個瞬間，你的腦力全數敞開，將以驚人的氣勢朝向成功勇往直前。

筆者確信我的建議將有助於各位踏上成功的一臂之力，而決定執筆本書。

立木惠章

目錄

第二章　迅速、勇敢地採取行動！「明天」是推拖之詞

第三章　趕緊下定決心，企劃案拋到腦後

第四章　遇到障礙絕不躲避

第五章　體驗失敗，走過崎嶇路的人會大成功

第六章　不受任何束縛、永保自由之身

第七章　幸運女神特別眷顧開朗的人

第八章　朝更大的勝利努力

●第一章

使不可能變成可能的是你的信念

●成功率和信念的強度成正比

以下大概是你目前所關心的事吧。「自己的願望果眞能實現嗎？或者希望落空？」有一個衡量的指標。那就是你的「信念」。

換言之，你的願望是否得償，完全由你信念的強度所決定。

譬如，假設你是奧林匹克的選手，目標是奪得金牌。實現你這個願望的準確率，根據以下所示的信念強度，而有不同的結果。

〈想奪得金牌，但事實上很難吧！〉

——信念強度30＝＝＝成功率30％

〈可以奪得金牌！但是，也許辦不到〉

——信念強度50＝＝＝成功率50％

〈大概沒問題，只怕萬一〉

——信念強度80＝＝＝成功率80％

〈絕對能奪得金牌！我一定能成爲金牌得主！做給你們看！〉

——信念強度100＝＝＝成功率100％

由此可見，成功率完全和個人信念的強度成正比。因此，若想得知自己的願望是否能夠達成，只需自問自答：〈我的信念到底有多大的強度……？〉答案已然明白。

在瞭解自己的信念強度之後，強度不足者只要再卯足勁提高自己的信念（其法容後再述），而信念強度極高的人，只要維持恆定不變的信心，幾乎所有的人都能百分之百地成功。

●信念會變魔術

何以信念極強時，成功的機率因而提高呢？

原因有二。其一是信念本身存在著不可思議的奧妙神通。不是常聽人說「信念會變魔術」嗎？汽車之王亨利・福特也說過：

「如果一心想著目標所指的對象，不可思議的，所渴望的東西會被吸引過來……。」

發自心底信守不移時，無法用科學給予解釋的奇妙現象會將信念具體呈現。

第二個原因也不外是擁有信念，它能使人對成功的企圖心、心態、精神力、積極性etc……產生完全不同的改變。各位不妨想想，當我們信心十足時，必會往前邁進。如果稍有疑心，即已使向前邁進的力量減半。而成功自然顯得渺茫。

假設你目前正朝向成功奮力邁進。而理所當然地，有數個障礙物橫阻在你的眼前。這時，你如果懷著強烈的信念，認爲〈我一定能成功！〉憑著這股信念的力量或推動力，將促使你輕易地超越這些障礙。因爲，不會有人在掌握確信之後（擁有巨寶）而在前進的過程中躊躇猶豫。

但是，如果妳的信念只是半調子的狀態，内心偶而會出現「也許辦不到……」的念頭，當你碰到眼前的障礙，必會挫折而折返。

〈……反正再往前進也不一定能夠成功……，事實上目前根本無法解決這個難題……，算了吧，等下次機會吧……〉

結果如同上述的模式，具有強烈信念者戰勝困難擁有成功，信念缺缺者被困難所壓倒而失敗。我認爲爲謀成功，執著力、積極性及耐力是非常重要的，但更迫切需要的是「信念」。因爲，信念才是支撐成功所不可或缺的要素。

●因爲相信才能前進。帶領披頭四走向成功的是「信念」

披頭四，至今仍受到未曾目睹他們風靡全世盛況的年輕人支持，他們的偉大一直以來被當做是「神話」一般。

而使披頭四邁向成功的，其實是披頭四的經紀人布萊恩・艾普斯坦那堅定不移的「信念」——披頭四絕對可以成爲巨星！而且是超級大巨星！因爲有此信念，他們才能榮登成功的寶座。

一九六一年十月某日，一名年輕人造訪布萊恩所經營的唱片行「NEMS」。

「有沒有來自利物浦的搖滾樂團、披頭四的 Mybonny 的曲子……？」在店頭找了一遍，架上並沒有這首曲子。翻閱目錄，也沒有記載。這也難怪，因爲 My bonny 是所謂限量出售的唱片，不會發行到一般市場。布萊恩告其緣由時，年輕人嘲弄似地說：

「哼，什麼，連披頭四的唱片都沒有啊？不行吧！這可是一流的唱片行吧，披頭四是了不起的搖滾樂團，下次應該擺幾張唱片……。」

優雅而具有教養的布萊恩原本是古典音樂的愛好者。對布萊恩而言，根本不曉得搖滾樂團披頭四，更何況是當地三流的搖滾樂團。而且，他最討厭熱鬧吵雜的搖滾樂。

但是，當時那名年輕人所發的一句牢騷話：「這是一流的唱片行吧……」何其神妙地重重地有如一把利刃捅了布萊恩的胸口一刀。

〈不知是何方神聖，既然這麼了不起……，好吧，我也來聽聽叫什麼披頭四樂團的音樂吧……〉

數天後，布萊恩趕緊前往披頭四登台演出的迪斯可俱樂部「克邦恩」。克邦恩位於潮濕的地下室，整個俱樂部充滿著污煙瘴氣。布萊恩忍不住想折身而返，但終於叫自己稍安勿躁，等候披頭四的演出。披頭四的演奏終於開始了。

接下來的瞬間，布萊恩因驚訝差點忘形地跳躍起來。

〈……怎麼，怎麼可能……，演奏得太好了……！也許，說不定這個樂團有搞頭……！？！？〉

披頭四不僅彈奏搖滾，也演奏漂亮的彈唱樂曲。雖然手法顯得粗枝大葉，但披頭四卻擁有其他樂團所缺乏的神妙魅力。尤其是約翰和保羅的合音堪稱絕配。

這時的布萊恩出乎意料地立場一百八十度大轉變，立即臣服於披頭四的魅力下。

●成爲超越貓王的大人物！

布萊恩的〈說不定有搞頭……〉的念頭，慢慢地演變成〈絕對有搞頭！他們一定能成爲巨星！〉如此堅定而強烈的信念。

〈這麼優秀的樂團，埋沒在利物浦這個偏僻的小鄉鎮，實在太可惜了。非得想辦法把他們推銷出去，栽培他們成爲媒體界的寵兒……！〉

於是，布萊恩做了一個重大的決定，他爲了栽培披頭四爲明星，首先向倫敦的音樂界投石問路。當時倫敦有兩大唱片公司，「ＥＭＩ」和「狄克」。布萊恩首先試探自稱是世界最大唱片公司的「ＥＭＩ唱片公司」。由於布萊恩對披頭四抱有絕對可行的強烈信念，因此，自得意滿地認定ＥＭＩ必也英雄所見略同。

但是，ＥＭＩ卻殘酷地背叛了布萊恩的期待。

這種樂團根本賣不出去！ＥＭＩ毫不留情地拒絕了披頭四。布萊恩感到茫然失措，「爲何像ＥＭＩ這麼大的唱片公司，竟然不瞭解披頭四的優點……？」後來布萊恩不得以只好把目標轉向狄克唱片公司。布萊恩一到狄克唱片公司，立即提出以下的建議。

「如果有意出披頭四的唱片，我買下初版唱片的五千張……。」

迪克的負責人說：「喔，這麼有自信？好吧，既然如此就讓我實際造訪利物浦，聽聽披頭四的演唱吧……。」

〈成功了！〉布萊恩雀躍不已。

〈既然狄克唱片公司的大牌製作人要特地到利物浦看披頭四，鐵定會用他們！〉也難怪布萊恩做如是想。更何況，實際看了披頭四舞台演出的麥克・史密斯也讚不絕口地說：「這個樂團太棒了！」

一九六二年二月六日，布萊恩受狄克唱片公司的邀請，再度前往倫敦，在某高級餐廳和唱片製作部長狄克‧羅共進午餐。午餐席上，狄克‧羅深表抱歉地說：

「……艾普斯坦先生……，事實上會議的結果，有關這回披頭四出唱片的事情，將暫緩一緩……。老實說，披頭四並沒有什麼魅力……，總而言之，太古板了。那種帶著吉他唱歌的樂團……。」

布萊恩以爲自己聽錯了。「咦？你說什麼？對不起，能不能再說一次……？！？！」

「是這樣的，這一次的事情暫緩……。」事出突然，布萊恩的臉孔因過度的興奮漸漸地漲紅。然後隨即做以下的反駁。

「開玩笑！你們難道不瞭解披頭四的魅力嗎？只要做好宣傳，他們將成爲無可取代的大明星！就連貓王，對了，將遠超過貓王成爲巨星！這一點難道不明白嗎……！」

製作部長狄克‧羅聽說披頭四將成爲超越貓王的巨星時，刹那間的驚訝幾乎失神。同時，也認爲艾普斯坦這位先生，腦筋是否有點「秀逗」。

如衆所知地，當時的貓王乃是通俗音樂界的寵兒，一舉一動足以震撼世界的超級巨星。而布萊恩竟然說利物浦的三流鄉下樂團，將超越貓王成巨星，也難怪狄克深表懷疑。

結果，布萊恩向英國二大唱片公司的引薦，如此淒慘地失敗。

●七十數回的推薦得力於強烈的信念

縱然如此，布萊恩的信念——披頭四絕對成爲巨星——仍然不爲所動。更且，内心不乏對EMI和狄克唱片公司的「讓你們後悔莫及」的雪恥念頭，對披頭四的支持更爲堅定。布萊恩以此信念爲武器，努力不懈地向倫敦音樂界推薦。

在EMI、狄克唱片公司之後，布萊恩所設定的第三目標是，規模遠遜於這兩大唱片公司的「派」唱片行。對方以型態不同爲由，立即回絕。

布萊恩隨即把目標轉向「歐里歐爾唱片公司」，但此地也碰到閉門羹。

布萊恩並不爲此而氣餒，仍然持續推薦活動。但是，不管布萊恩賣命而積極的奮鬥，所有一切的努力都落得失敗。賣不出去！不要！沒有魅力！一連串的否定回絕，有如冷酷無情的重擊……。

「既然再怎麼推銷也賣不出去，布萊恩的信念必爲此而動搖吧……？」

開什麼玩笑。他的信念可不是因此而動搖的淺薄。因爲，他的信念強度是一百。

布萊恩仍然馬不停蹄地爲披頭四引薦。結果努力不懈地造訪了七十餘家唱片公司後，布萊恩和EMI旗下的「帕洛風唱片公司」的製作人喬治・馬金命運式地邂逅。聽了試聽帶的

成爲超越貓王的
超級巨星！
強度100的大信念

馬金說：

「這個好！好吧，讓我見見披頭四樂團的成員，順便試聽……。」

試聽一舉成功。馬金對披頭四讚賞不已。

結果，布萊恩的信念如願以償，披頭四終於能唱片問世。此後如衆所周知，披頭四接連再三的創下空前的暢銷曲。誠如布萊恩所預言地，一步步成長爲遠超過貓王的超級巨星。

順便一提的是，帕洛風的母公司EMI的市場調查部長隆・懷特，在披頭四發片之前得知布萊恩從前所洽談的樂團，竟然是披頭四，寄了一封表示歉意的書信給布萊恩。文中提起：「當時眞對不起……。」

至於狄克唱片公司製作的負責人，據說在披頭四創下紀錄性的唱片銷售量後，被指責是「踢掉披頭四的男人＝錯失狄卡唱片公司利益的男人」而被減薪、降級。

●擬定目標以培育信念

不過，布萊恩‧艾普斯坦——果眞是位了不起的人物。

因爲，不悔苦嚐無數次被斷然地拒絕的挫折，仍然積極推薦默默無聞的三流搖滾樂團，結果把一群無名小卒塑造成世界級的巨星……。這全是布萊恩強度一百的大信念所致。如果只是半調子的七十或八十左右的信念，一定無法如此認眞而無悔地推薦。披頭四的成功完全是布萊恩的信念的結晶，此話一點也不過份。

那麼，如此重要的信念，該如何去維持、孕育呢？

首要條件，無非是使命目標明確化。

〈凡事都行，只要能夠成功，變成富翁……！〉

像這樣目標茫然，意識完全無法集中，因此，根本不能擁有（提高）信念。首先必須確實地訂出目標，譬如「變成作家！」「變成舞蹈家！」「成爲事業家！」「成爲電影明星！」等等。有了確定的目標後，接著應決定達成目標的期間。

人天生就是「懶惰」的動物。如果不刻意給自己期限，往往推三拖四，結果一事無成。爲了避免發生類似的狀況，最好決定完成的期間。當然，並非隨意揑造的期間，必須是符合個人目標的期間。

此外，儘可能想好達成目標的具體方法。譬如，假設你的目標是成爲電視明星。這時應盡可能地想出具體的方法，譬如，到選拔明星的機構應徵、直接到著名的製作公司毛遂自薦，如果行不通則參加電視的模仿秀或參加圈外人上台表演的節目，讓製作人肯定自己的明星資質……，此外應該還有其他各種方法，然後付諸實行。

●隨時強化信念

——目標、期間、達成目標的具體方法——此三項明確化之後，接下來所應做的是朝向目標立即採取行動。隨著目標的明確化，信念強度必可預期地更爲提高，因此，必須刻不容緩地付諸行動。因爲，信念強度越高，成功的機率將隨之提高。

不過，在此應注意的是，如前所述採取行動之後，眼前將會出現數個阻撓的障礙。換言之，擁有成功之前，將反覆數次的失敗（小挫折），而每一次將可能動搖信念，而使信念的強度漸漸減弱，因此，必須隨時強化信念，預防信念的流失。

其實這也是人之常情。縱然深信必能成功而勇往前進，但如果反覆五次、十次甚至二十次的失敗，難免感到洩氣，同時懷疑：〈也許自己無法成功吧……？〉原本堅定不移的信念自然漸漸薄弱。隨之而起的是行動力、前進力也變得遲鈍。一旦遲鈍，計劃將被中斷，結果在途中不得不敗退而下。

所以，若要給予預防，必須隨時強化信念，筆者建議以下兩個具體的方法。

（1）、反覆再三地告訴自己：「自己可以成功！絕對能夠成功！……」把信念深植在潛在意識、宇宙意識。

（2）、把目標公諸於世，讓自己處於不得不做的狀況，利用行動力強化信念。

只要實踐這兩個方法，信念強化度必飛躍性地提高。以下簡單地說明各個方法。

●活用潛在意識

首先是（1）在潛在意識深植信念——我認爲這是非常有效的方法。因爲，把信念深植在潛在意識內，即使事後不刻意回想，有時也會自然地呈現出來。

總而言之，意識上的信念會隨著時間的流逝而消失，但輸入在無意識中的信念卻難以抹滅，我們以汽車的駕駛爲例做說明。

請回想一下爲了考取駕駛執照，到汽車教練場學習的情形。

相信你一定是經過相當嚴厲的磨練，才能駕輕就熟地開車上路。

「插入鑰匙，打開引擎……」
「踩加速器……」
「打開夜光燈……」
「踩離合器調節變速感……」
「旋轉雨刷……」
「方向盤轉向右側……」

聽從教練的指示，你會在意識裡一一遵從上述的動作，碰到雨天，必須用雨刷擦拭前車窗的霧氣，同時還要打開車燈操作方向盤，我想對初學者而言眞是手忙腳亂。

但是，經過十年後的現在，情況又如何呢？當時的辛苦有如過眼雲煙……。相信現在的你一定駕輕就熟地開車代步。

爲什麼？因爲，不必一一用心也能操作方向盤了。

何以有這樣的結果？因爲，駕駛技術（作業）已經深植於潛在意識內。

換言之，長年來在意識中所操作的「踩加速器、開方向燈、踩煞車……」之類的動作，已在無形中深植潛在意識，目前的你是用無意識操作方向盤。

同樣地，如果在意識中持續強化信念的作業，不久將會烙印在潛意識內，此後信念將逕自獨來獨往。這是令人欣喜的結果。即使反覆數十次的失敗，但每一次打自內心會自然地發出強烈的信念，告訴自己「絕對辦得到！絕對會成功……！」因此，行動力不會在最後關頭萎縮。

為了達到這個程度，必須和駕駛同樣地，刻意地反覆唸誦訓練的語詞（或默唸）把它輸入潛在意識。當然，一、兩次的唸誦無濟於事，必須反覆數十回乃至數百回。

〈我一定會成功！絕對要成功！〉

可以把帶著堅定信念的這些語句寫在紙上，或者錄在錄音帶內，早晚閱讀或傾聽五～十分。偶而獨自沉靜地做瞑想，唸誦強化信念的語句或想像成功時的景象而使其視覺化，更具效果。如此持續半年、一年、三年後，你的信念必會驚人地強化。

●把目標公諸於世，成功更為接近

接著來談（2）的「把目標公諸於世……」。從另一個角度而言，此法的效果不遜於（1）。因為，把目標公諸於世，將被迫處於不得不成功的狀態。而且，不僅能輕易地培養行動力，藉由行動也能一一印證你所持信念的正確性。

總而言之，誠如所謂「馬有失蹄」一旦採取行動，如前所述會遭遇數個挫折，不過，其中也有二、三事順遂己意地進行，因此，這些經驗（回應）將漸漸強化你的信念。

H是某製藥公司的營業員，H有一個夢想。那就是離開公司，成立一家廣告設計的企劃公司。但是，雖然有明確的構想，卻唯恐失去生活的安定，而一直無法把企劃付諸行動。

一年、二年、三年無所事事地虛度光陰。某天，自覺長此以往沒有結果的H，把自己的計劃向周遭的朋友們表白，告訴他們：「一年以內我要成立一家設計企劃公司……！」

一年後，雖然一切尚未就緒，但既已把計劃公諸於世，H不得以只好依原有的構想採取行動。

果然不出所料，H剛開始因某些障礙而吃盡苦頭，但是，另一方面也有比預期更順利發展的情況，而每一次他都會告訴自己：

「好，這行得通喔！我的想法果然是正確的……！」

有了這些回應後，信念隨之日漸強化。而隨著信念的強化，更加速行動力的發揮。不久之後，H漂亮地成立一家設計企劃公司，且成果輝煌。

諸如此例，把構想公諸於世後，世人的耳目有如緊追在後的督促效果，使得構想比想像更容易地朝實現奮發前進。在此狀況下，信念將一一獲得印證（確認），且行動力在信念的推波助瀾之下更爲躍進，結果出人意外而輕易地擁有成功。

記得前重量級世界拳王諾哈梅特・阿里在現役時代，比賽前都向記者團預告戰況。

「三回合以內必把〇〇〇擊倒！連他的經理也不放過！」

阿里向記者團預告KO而令拳擊迷們興奮不已。事實上，根據阿里隱退後所言，預告KO絕不是因自己充滿自信，相反地，因爲沒有信心，爲了激厲自己而故意放下豪語。

也許各位對於世界級拳王的此番說詞略表懷疑，但誠如其言，阿里是在自己設定的狀況下，經過無數次的經驗增強信心且強化了信念。

我們也可以如法炮製。換句話說，就像阿里向記者團預告KO戰況一樣，把自己的目標公諸於世，藉此鼓舞士氣激厲行動。而經過行動的體驗謀求「信念的強化」。

如此一來，你的信念強度必定會隨即跳升三十～五十。當然，與之呈正比的成功機率也如前所述節節高升。

「我毫無自信（信念薄弱）！」如此怨天尤人的你，事實並不如你所想像。

從上述的說明各位應已明白，所謂信念並非人人天生具有，而是經過體驗由我們的雙手塑造而成。這一點千萬不可忘記。請各位利用上述的方法，從今天開始立即謀求成功機率的提升，以實際的體驗鞭策自己吧。

●第二章

迅速、勇敢地採取行動！

「明天」是推拖之詞

●堅強是強運、懦弱是歹運

假設你和女朋友趁著休假日到山上踏青。

走一段路後眼前是一座深邃的山谷，其上架著一座寬二十公分、長二十公尺的獨木橋。以當時的反應，對身邊的女友會造成極大的影響。如果你勇氣十足一副「這樣的橋算什麼……！」的模樣，毫不猶豫箭步前行，女友必覺得你是值得信賴的人，對你的好感必超過原有的朋友關係。

但是，當你在獨木橋前不知所措，表現膽怯的態度且嘟喃著：「太危險了，還是折回吧……」相信女友對你必感到失望，下山後一定拒絕再與你交往。

因爲，女性天性易受堅強的男性、勇氣十足的男性所吸引，對於缺乏勇氣又顯得懦弱的男性，非但不會感到任何魅力，甚至產生厭惡感。

幸運的女神也是同樣的心態。

西洋有一句俗諺「不能斷然划船前進者，絕不能渡過大海。」

其實任何有價值的事物，一定都有風險，因此，若不能帶著勇氣超越風險積極前進，絕無法擁有榮耀。

●自己的人生有如自己所預言

美國普林斯頓大學曾針對一九四九年度的畢業生，進行以下實驗性的調查。

普林斯頓大學有一個慣例，在畢業典禮的當天，校長會贈送畢業生一個特別的禮物。畢業生一一走到講台領取畢業證書，在講台上和校長握手，領取畢業證書並接受贈禮。而這個禮物是水晶球。據說畢業生會從水晶球上發現二十五年後自己的模樣。而校長會問：

「將來是什麼樣的景況？你覺得自己的人生將變得更美妙嗎？或者你認為前程黯淡……？」

結果在七百七十名的畢業生當中，約有五分之二的畢業生回答：「令人驚奇又喜悅……！」同樣地約有五分之二的畢業生回答：「雖不足為奇，但令人滿足……。」而其餘的五分之一的畢業生回答：「毫無感動且令人失望……。」

二十五年後，針對當年的畢業生進行追蹤調查。二十五年後在七百七十名畢業生中已有二十五名死亡，此外四十九人行蹤不明。以剩餘的七百人左右為對象進行的調查，約有三分之一的人確實回答。令人驚訝的是，從回答中發現一九四九年的畢業生，其二十五年後的人生幾乎和他們當初所預期的一模一樣。

換言之，五分之二回答「令人驚訝又欣喜」的一組，幾乎過的是幸福美滿的人生，而最後回答「毫無感動且令人失望」的一組，眞的如他們所預言地，過的是不幸的人生。

「這個結果是根據什麼樣的理由？也許是生涯架構過於窄小，抑或天生的第六感遲鈍吧。調查的結果並沒有提供這些判斷的材料。不過，卻清楚地暗示一個不同的事實。即是五分之一運勢不佳的人，處事作爲缺乏勇敢。（中略）

而幸運的四十九年度畢業生，是因不畏冒險患難，甚至屢次勇敢的面對危險，才能擁有幸運的人生……。」

這是針對此項調查而實地採訪的馬克斯·甘沙的感想。從此項調查報告，我們也可明白唯有勇敢地朝向目標採取行動的人，才能化凶爲吉掌握幸運。

●冒世界第一大險而成功的美國

事實上，美國是經歷世界第一「大富國」的國家，這乃是因他們甘冒巨大的風險，到人煙罕至的危險地帶——美洲新大陸打拼的結果。

一六二〇年九月十六日，一百八十噸的帆船五月花號搭載一〇二名船員，從英國的普里茅斯港出發。經過三個月左右，該船在美國的麻薩諸塞州上路。但該地竟是和耳聞完全迥異的不毛之地。船上隨即響起一陣哀嘆之聲。

「喂，這是怎麼回事？不會是這樣吧……！」

「為了此行拋棄所有的一切……！怎麼會是這樣……！」

而在數個月之間，一〇二人當中約有半數死亡於饑餓、寒冷或意外傷害，可見當時美國所處的是多麼嚴酷而危險的境地。正因為他們膽敢冒此巨大的風險，發揮勇敢的決斷力與行動力，才能使美國長久以來以傲居世界第一的繁榮與武力，榮登超級大強國的寶座。

拉丁語有一句格言是——命運的女神支持勇者——美國人發揮空前絕後、無與倫比的勇敢，終於獲得幸運女神的垂憐。

日本戰國時代的武將織田信長，也是以女神為伍的一人。

對日本歷史較熟悉者應明白，信長僅率領三千兵，卻能擊垮二萬五千的今川軍（桶狹間之戰）。有許多人對於這個戰果，認為是「信長是因一點突破的奇襲而獲勝」。的確，當時若不採奇襲戰略，信長根本無法戰勝今川軍。這一點我也認同。因為，以寡擊眾、一對八的態勢，根本無法面對面硬碰而獲勝的。

但是，原因不僅如此。信長之所以能戰勝今川軍，除了奇襲之外，還有以幸運女神為戰友的事實。這時所指的女神戰友，乃是指決戰將開始之前的那場大豪雪。正因為有那場豪雪，信長才能令敵人置身五里霧中，奇襲成功。那麼，女神何以眷顧信長呢？

因爲，信長研擬對今川軍大進擊的對策——①投降而讓今川軍進入洛城、②誓死堅守洛城、③阻止今川軍進入洛城、當面迎擊——從這三個應戰策略中選擇最具勇氣的③的決斷，換言之，挑選當面迎敵、最爲勇敢的策略。幸運女神正是迷戀信長的勇敢，從天降下豪雪讓信長獲勝。

●表現行動以實現夢想

「命運是女神。因此，若要掌控她必須經常拍拍她、推推她——！」

這是義大利的思想家馬嘉貝里的名言。同樣地，馬嘉貝里似乎也把命運看做女神。一般而言，女性通常畏懼權力，當對方表現謙虛的態度時，則一副不可一世的模樣，但是，面對具有社會地位或權力的人，則又一面倒地表現屈服的態度。同樣地，若要掌控命運（操縱女神），馬嘉貝里認爲有時必須用力量馴服女神。

那麼，「用力量馴服」所指爲何？

有關這一點，馬嘉貝里並沒有任何具體的說明。根據我個人的考察，似乎是——縱然有些風險，爲了實現夢想，必須鼓起勇氣果敢地發揮行動力——。

一般在計劃如何成功之時，通常的作法是冷靜地研擬周密的計劃，愼重佈局之後再實行。譬如，假設有一個叫A的上班族，A有個計劃是辭職自創公司。在這個狀況下，A會充分地檢討自己的資金與社會狀況，覺得「我有勝算」之後，才會把計劃付諸實行。

如果檢討的結果，計劃上有所勉強之處，或因職業性質而多少在意他人的風評，A可能以時機尚早爲由，不再有辭職的念頭，或把計劃往後順延。A的處理方式是一般的常例，且是符合道理的方法。相信大多數的人，一定會贊同A的做法。

但是，馬嘉貝里卻認爲此舉行不通。他認爲這種作爲雖不過份，但卻不能支配善變的女神。那麼，該怎麼辦？

這時所需要的正是以力量折服女神。

換言之——即使沒有十足的勝算，條件不盡理想，但只要有實現夢想的堅定不移的信念，就應帶著勇氣勇往直前。如此必可成功！——這似乎是馬嘉貝里的意圖。

馬嘉貝里也許意外言中。當然，並非凡事有勇無謀，但即使條件未臻周全，只要勇往前進，橋到船頭自然直，這不也是社會一般的現象嗎。相反地，以「目前正在考慮中」「時機尚早」「不順應潮流」等說詞爲由，遲遲難以下定決斷，才是造成事態日見惡化、運勢多舛的元凶吧。

「明天」乃是優柔寡斷者的慣常語，通常不會付諸實行。

誠如中國思想家魯迅所說：

「地上本無道。行者多而成道！」

所以，只要構想略具雛型，倒不必過於詳盡地思慮，儘管鼓起勇氣往前進。如此必能成功。這正是「以力量馴服女神」的眞諦。

●矢澤永吉成爲超級巨星的秘密

女神會選擇勇氣十足的粗暴者而放棄冷靜的膽小者——。以下爲各位介紹巧妙地印證這句金言的例子。

在日本搖滾樂界，有一顆閃閃發亮的巨星「小永」，他就是矢澤永吉。像他這樣十足地印證「以力量馴服女神」的例子可眞少見。總而言之，他是赤手空拳以當明星爲目標來到東京，在七、八年後終於成爲搖滾樂界的超級巨星，一路的轉變只能用令人驚歎不已形容。

矢澤在一九四九年出生於廣島市。由於年幼即失去父母（母親在他三歲時離家出走，父親則在小學二年級時病死），小學時代在親戚們的互相推讓中輾轉更改住處，被迫過著悲慘的生活。結果，不忍見此慘狀的祖母，收留了他，並養育其讀小學、中學至高中。升上中學時，也許是世態炎涼的反動，他的內心突然有一股想法：

〈不論如何都要脫離貧窮的深淵，讓世人刮目相看……！〉

〈爲達此願，只有在喜愛的流行音樂中尋求成功之道！〉

有此念頭的他，高中一畢業隨即決定安身到東京，朝明星之道發展。

問題從此開始。一般人要到東京都有相當的「準備」。譬如，事前決定在東京的就職地或住處，找到萬一有困難時的商量之處或商量對象、或者多少準備較多應急的費用以防萬一等等……。

但是，他卻完全忽視這些應有的程序（常識）。所謂預期不如撞期，畢業後不久他帶著身上僅有的五萬日幣，從廣島車站漫無目的地跳上前往東京的夜車。他的舉止令人驚訝、錯愕……可謂有勇無謀。他在『鹹魚翻身』（小學館）的自傳中提起：

「畢業典禮後經過約二十天。我到廣島車站購買車票。向站員詢問：『東京的最晚車票是幾點？』那時約深夜兩點半。大概是四月十日吧。（中略）

到親戚家一一告別。他們的反應太過份了。一副事不關己又蔑視的模樣。『我是永吉。』『你要幹什麼？』『我今天晚上就要去東京了，所以……』『啊，是嗎，要去東京。小心點啊！』問候就到此結束。

我內心忍不住怒吼：『王八大混蛋！』卻同時有個念頭閃現：『接下來我要有一番大作爲。你們等著瞧吧！』

應有的禮貌式招呼全部結束，回到車站買了一個便當。夜車是自由座。車上擠得滿滿的，就坐在通道邊。我的思緒已經離開廣島。跟著列車一路往前跑……。」

●等著瞧！一定做給你們看

如此這般，他總算踏出第二人生的第一步。但是，原本打算到東京的他，聽見「橫濱、橫濱」的刹那，突然想起披頭四的故鄉利物浦（同是港都）而在橫濱站下了車。同樣是茫無頭緒的率性而爲。

雖然在橫濱站下車，卻沒有落腳的地方，結果當天就在停車中的車內睡覺。

「動用口袋裡的五萬元，未免太可惜了……」

早晨起床後，立即尋找可以住宿的工作。在關東地區根本沒有任何親戚朋友，必須儘早找到一處可以落腳的地方。當他在伊勢佐木町周邊徘徊時，一張「徵求小弟」的紅條映入眼簾。往前探尋，據說不僅附帶三餐還有員工宿舍。那是一家食堂。根本無暇顧及條件如何。反正總要生活，於是決定暫且安身於這家食堂。

那裡的工作嚴酷無比。早上八點到晚上八點的重度勞動。而且薪水低廉。但是，他卻不爲此而氣餒。因爲，他隨時懷抱著「自己將在這個大都會成爲超級巨星！」的信念。轉瞬間經過了數個月。

某天，他終於把製作的曲子錄在錄音帶上，前往唱片公司毛遂自薦。這是到東京都後首次爲實現夢想的嘗試。

首先，他造訪和披頭四同系列唱片公司的東芝ＥＭＩ。

何其幸運地，他和導演見了面。導演一邊聽他的曲子，一邊若有所感地隨聲吟誦。剎那間他覺得：「太棒了！一定被錄用！」

但是，導演聽完曲子後，出乎他意料的說：

「矢澤先生，我覺得曲子不錯……但是，在目前的日本，老實說還無法接受這樣的曲子……。若有其他好的曲子，隨時帶過來……」非常婉轉的拒絕。

重整被打擊後的失望，他接著拜訪當時甫成立的ＣＢＳ新力的大門。雖然內心期待著這次必會成功，但此地也不接納他。對方只說暫且看管錄音帶，在櫃台處即被逐出門外。經過約一個星期，錄音帶和一些印刷品一併寄回。

回函上寫著：

「你的作品很可惜的是，經過審查的結果不採用……。」

看到這個回函的瞬間，他感到一股無法言喻的憤怒，忍不住狂叫起來。

但另一方面，另一個激昂的鬥志有如火燄般迅速地燃燒起來。

「好吧，等著瞧！不知要花多少的時間，但是，一定做給你們看！」

●不停地推銷自己

此後他仍然幾近瘋狂地持續作曲活動及自我推銷。但是，卻沒有任何好兆頭。不久，他想到何不召募同好組成樂團。因爲，與其個人單打獨鬥，團體的經營更具有衝擊力，也較能打進音樂市場。但是，聚集的成員只能以一句「慘不忍睹」作評。既不會彈吉他也不會打鼓，根本彈不出像樣的曲子。

「咚咚咚……停！」「霹哩啪啦、亂七八糟……」

「這怎麼了得……！」雖然刹那間有這樣的念頭，卻仍然期待練習之後必有成果而重振士氣，也開始了樂團活動。樂團名稱是「THE BASE」何其大膽地，這個樂團成立後不久，僅以數條曲目就向位於川崎的迪斯可舞廳毛遂自薦。

——是這樣的，我們在橫濱四處演唱，是否能在您的店裡登台？不論是音響設備或其他條件都好的不得了……。

「喔，是嗎？那麼這個星期天的中午過來一趟，演奏看看吧。那個時間的客人較少……。」

上台一演奏，簡直是爛透了。迪斯可經理衝向台上叫他們不要再彈了。他們不想停止演奏而佯裝聽不見的樣子，結果服務員把電源切斷了。「停、停、停！……」「喝完咖啡給我滾回去……」一切都結束了。

接著他們又到位於橫須賀的「奧斯卡」咖啡店，依同樣的伎倆自我推銷。

——我們在橫濱是管道相當通暢的樂團……。

「啊，是嗎，那麼唱首歌來聽聽……。」

唱完一、二首曲子，奧斯卡的董事長竟然首肯了。

「那麼，在這裡做一個月看看吧……。」

——咦！一個月？眞、眞的嗎？……。

「不過，沒有酬勞喔！沒關係嗎？……」

不管有沒有酬勞，他們一心只想有一個能在衆人前演奏的場所，因此，立即達成協議。但是，問題是他們的曲目只有五首。當時一首曲子約只有二分鐘，全程演奏下來頂多十分鐘。一天四十分鐘的舞台表演，要連續彈奏五回如此貧乏的樂曲，再怎麼東掩西藏也辦不到。那麼，情況如何呢？據說每次的舞台表演只反覆演奏僅有的五首曲子，整整耗了一個月。老外在場內直喊：「OH，NO!」

連心地善良的董事長也倒了胃口，不勝其煩地說：

「你們從下個月開始不必再來了……！」

●那一天必會來到

這樣的情況轉瞬間也經過了數年的歲月。此後他頻繁地更換成員，試圖爲樂團汰舊換新。此舉終於奏效，他的樂團漸漸展現實力，不久力爭上游而成爲橫濱一帶名符其實的第一號搖滾樂團。酬勞也水漲船高，甚至是各地迪斯可爭相禮聘演出的盛況。

但是，很可惜的是唱片公司及電視台卻毫無消息。就在這樣的狀態下時光荏苒而過，不久，時代潮流的變遷，迪斯可一一地倒閉，失去飯碗的樂團們滿街都是。爲了維持生活，他們不得已到酒吧演出。在那裡的演奏只是取代背景音樂（BGM）或點唱機的演奏罷了，對他們而言只有恥辱而已。

團員和他自己，漸漸感到鬱悶難耐。到了最後連酒店的工作也沒了，結果連一張唱片也未問世的情況下即被迫解散〈到底爲什麼埋頭苦幹到今天……！〉

但是，他可不是碰到這點挫折就氣餒的人。爲了生活不得已到冰淇淋工廠工作，但另一方面他仍然一步步地著手進行新樂團的成立。當時，在樂團同好之間他的名氣頗爲響亮，一些較具來歷的演奏者陸續聚集在他的周遭。這些精英聚集而成的，就是日後他在媒體界展露頭角的那個著名的「Kyaroru」。就在這個時候，幸運女神臣服於他的勇敢，對他展露了微笑。

某天，卡羅兒樂團的一名成員寄了一張名信片給富士電視台的「Liveyoung」節目。這張名信片成爲邁進電視界的踏腳石，卡羅兒終於在該節目演出。正式播出時，小永百感交集地奮力演唱。演唱完畢之後，一名工作人員說：

「矢澤先生，有你的電話。要不要接？」

那通電話是當時名聲響亮的FREE唱片製作人米奇・卡基斯打來的。卡基斯說：

「矢澤先生，剛才的演奏太棒了！我很想把你的歌曲錄成唱片！」

由於事出突然，矢澤忍不住全身顫抖。只要引人注目必能成爲巨星！一直以來如此自信滿滿的他，一旦夢想變成事實，竟然有難以置信之感。

——因爲此番因緣而實現了他的夢想。從此之後，卡羅兒風風光光的踏進演藝圈，接連創下大暢銷曲，成爲襲捲市場的超級暢銷樂團。但是，數年後令人惋惜的是樂團也瀕臨解散。

後來，以獨唱歌手矢澤永吉的面貌重新踏入歌壇的他，擁有遠超以往卡羅兒樂團的人緣，每天奔波於唱片公司、電影演出、舞台表演，過著忙碌不堪的生活。而他竟然蟬聯二度成爲演藝圈首屈一指的長青樹，就連現在仍然是君臨搖滾樂界的幕後超級巨星。

●瘋狂舉止又何妨

不過，既無金錢又無背景，形單影隻憑自己的力量到東京而有如此大的成就，矢澤永吉眞是了不起的人物。

他的成功，無庸贅言乃是幾近有勇無謀的荒唐舉止和不畏風險的勇氣。

「哼，勇氣？開玩笑。那只不過是匹夫之勇吧……！」

也許有人抱持這樣的想法。矢澤的作爲的確有令人抒發此感的一面，但我卻想高呼：那可不一樣！因爲，他並不是膚淺而漫然毫無目的地妄想爲〈到東京必有可爲吧……〉，而是內心有著堅定不移的信念：〈我一定能成爲超級巨星！〉而踏上東京之行。

如果，當初他的目的並不明確，一定像其他人一樣熬不過二、三年的日子，立即返回廣島。而結果他並沒有折回廣島，這對一般人而言恐怕難以理解，但是，這乃是因他個人所堅持的「信念」所致。

各位想想，只是莽撞無謀的念頭，就能不顧前途渺茫、既無金錢也無背景而隻身跳上前往東京的夜車嗎？就連平日以「強硬派」爲看頭的所謂「大哥」，可能也無法斷然實行。這些「大哥」聚集成黨時，確實會做出聳人聽聞的事來，但形單影隻時，多半立即萎縮成一般人。那可能孤零零地茫然毫無目的闖蕩東京。

由此可見，這是非常需要勇氣的。即使自己能克服內心的畏懼，爲了節省住宿費以車箱內的座椅做爲棲身之處、在陌生的城市，且是首次涉足的大都會，自己去看紅條找工作等等，一般的人恐怕辦不到吧。尤其是對從頭到腳凡事都要父母代勞的現代年輕人而言，一定把他的行爲看成是瘋子。

但是，縱然是瘋狂舉止他也斷然實行。

而他的瘋狂作爲正是折服幸運女神的力量，終於在女神的呵護下攀爬而上超級巨星的寶座。若要實現願望，根本不需要草案。只要付諸行動。

「斷然實行連鬼神也畏之」此話說得一點也不差。即使其中多少隱藏有負面的作用，但只要帶著勇氣勇敢地表現行動，通常都能成就心願。他，矢澤永吉證實了這一點。

●超級狂人、代代木補習班的吉野老師

前述的矢澤永吉的確了不起，接著爲各位再介紹一個與他不相上下的「超級狂人」。他原本是暴走族的特攻隊長，搖身一變爲代代木補習班古文講師的吉野敬介先生。

一般從中學到高中的六個年頭，在放牛班遊蕩而從不用功的人，出社會之後即使痛改前非，決意參加大專聯考，想在短短四個月間密集用功而輕易過關，對一般人而言恐怕是辦不到的。把不可能辦得到的事情變成事實，這位吉野先生也眞了不起。到底有什麼能耐可以把不可能化成可能呢？接著，我們就來看看吉野先生的人生軌跡，探討其中的秘密吧。

吉野本來似乎是和讀書無緣的人。據說從中學一年級就沉迷於空手道而荒廢學業。而學空手道爲的是打贏別人。翹課到空手道場練習。該處通常聚集著志同道合的不良少年。和這些不良少年們翹課外出，找人挑釁或順手牽羊……。想做什麼就做什麼。不久，也加入暴走族的行列。

因此，中學、高中時代根本未曾讀過書。最好的證明是學校成績在同一學年四百五十八人中居四百二十六位，這還是吉野的最高成績。他是所謂的「墮落」學生。到底是什麼原因激厲吉野決意參加大學聯考呢？那是當時吉野交往的女朋友所說的一句話。

「如果不讀大學的話……」

吉野讀高中一年級的時候。某天，在通學的候車站突然碰見一個背影苗條的絕世美人。吉野對她一見鍾情。於是立即展開猛烈的追求。果然不出所料，對方以討厭不良少年爲由，第一次的搭訕即碰了閉門羹。但是，吉野不會因此而氣餒。此後仍然糾纏不休地追求。這番緊迫盯人的耐功終於奏效。吉野成功地把對方佔爲己有。

高中畢業後二人隨即同居。當時的吉野在中古車販賣公司工作。薪水竟然只有淨得八萬元。而他的女朋友，卻是三十萬元以上的超級模特兒。中古車販賣員和模特兒、薪水八萬元和三十萬元以上……，根本不成比例。

不知是否是這個原因，不久，女友的心漸漸遠離吉野。而且終於發生了決定性的狀況。某天，工作完畢回到租借的公寓，找不到她的倩影。但隨即發現她所留下的字條。刹那間吉野陷入絕望的深淵。

「被、被甩了……。我的人生完了……。活著也沒用。死吧……！」

他眞的想死而到冬山準備凍死，甚至站在車站月台上打算撞車，但是，終於割捨不下，於是吉野決定重新面對自己的人生。振作之後的吉野從翌日開始即勤奮地工作。也不知是何緣故，車子越賣越好。推銷汽車的工作是採抽成制，因此薪水也急速上升。不久，生活變得安定，也成爲月入三十萬元之列。吉野對自己產生了信心。帶著自信再度打電話給她。因爲，他心想這麼奮發努力，應可以獲得對方的青睞。

但是，她似乎已經有另一個男友，且是大學生。在電話中一在地談論男友的話題，諸如不僅是大學生且頭腦聰明、又有一部好車……。而最後所說的一句話是，

「……如果不上大學的話……」

●做給妳看！

因爲這句話，令吉野暴跳如雷。

〈大學又怎麼樣！像大學這種玩意，連我也能考上……！做給妳看吧！一定考一個大學給妳瞧……！等著瞧吧……！〉

爲了令女友刮目相看，吉野何其大膽地做了如此重大的決定。但是，這可不是外行人的見識淺薄嗎？下決定之前是那麼果敢而堅定，但如何才能進大學，根本是一頭霧水。

不論如何，暫且透過朋友的介紹，前往代代木補習班老師開設的私人補習班。

迫不及待的接受補習班的入學考試，果然不出所料榜上無名。經過一番養精蓄銳之後，再度向該補習班挑戰。這時因班級人數有缺，幸運地擠進補習班。但是，雖然進入補習班就學，功課卻毫無進展。他曾經回憶當時景況說：

「聽老師上課，有如馬耳東風搞不清所以然。這也難怪。我好像是九九乘法還不靈通的小學生，到大學的講堂聽課一樣。不僅如此，班上的學生個個退避三分。這也是無可厚非吧。就像是典雅的插花教室裡，坐著一個燙爆炸頭且額頭上留著刺青、前科累累的流氓一樣。

不久，我漸漸不再上補習班了。因爲，在這個地方只是每週一次像呆頭鵝般坐在教室，搞不清楚老師講什麼，根本不可能考上大學。」（『所以你會落榜、衝刺！……』）

對於難關重重的大學門檻，原本已打算打消念頭的吉野，某天，突然在街上撞見女友和大學男友約會的情景，參加大學聯考的意願更甚於從前且勢在必得。

「那個瞬間，全身的血脈噴張，血流似乎也傳來嘟嘟的聲音。

『不要小看我！混蛋，大笨蛋！我一定考上大學讓你瞧瞧。而且，一定考上比妳的男人更好的學校。別小看我！一定讓妳刮目相看。哇——』（『所以你會落榜、衝刺！』）

爲了專心讀書，吉野立即辭掉工作，參加代代木補習班的模擬考試。根據當時的資料，據說吉野的得分標準幾乎是二十分上下，是幼稚園以下的成績。「哇——！」不知是自覺可憐還是羞愧，再一次爲眼前的事實怒氣沖天。

「好吧！不論如何一定做給你們看！我怎麼能輸！」

於是吉野開始發憤圖強爲大學聯考猛烈用功。一日二十個鐘頭，從大清早到深夜，發狂般地埋頭苦讀。

「想睡，這是理所當然的。身體狀況不太正常。已顧不得這些了。反正，我只能奮力用功。（中略）想睡時就喝Junker。如果還想睡，就在杯裡倒進滿滿的即溶咖啡混入Junker攪拌之後一口氣喝下。這樣也不能驅逐睡意時，就用針刺手臂，和睡魔戰鬥（中略）但是，眞正戰勝想睡的本能，並非Junker或疼痛所賜。完全是心態的問題。做給你們看，一定考個好學校讓你們瞧瞧！如果不是這股堅定意志的支持，即使喝Junker或咖啡，必定戰不過睡神而呼嚕大睡。」（『所以你會落榜、衝刺！』）

如此拼死拼活的努力結果，吉野終於通過大學考試的難關，而且考上第一志願的國學院大學。開始準備大學聯考之後，僅只四個月的時間。

●只要做就有相對的成果回應

前述搖滾巨星矢澤所經歷的過程的確感人，而吉野在短期間內克服萬難達成心願的決心，更令人肅然起敬。得分標準二十分左右，程度在幼稚園以下的人，僅只四個月的埋頭苦讀，就能考上大學，只能說是奇蹟。從吉野先生的事蹟，我重新學到了——只要有勇氣與幹勁，人可以成就任何事。

本書的讀者中，若有正準備應考的學生，其實不論是應考或任何事情，一旦自己下定決心，必須鼓起勇氣與幹勁，努力奮鬥直到最後。結果必會在事後呈現出來。最壞的情況是，沒什麼大不了的理由卻半途而廢。我幾乎可以斷言，像這類半調子的人，不論做任何事情都一事無成，一生沒什麼出息。

爲了避免自己的人生也走向同樣的結局，必須讓自己產生某個強烈的「感覺」。譬如「憤怒」或「受女人歡迎」，甚至是「成爲富翁」。也可以像吉野老師一樣，爲的是「讓她刮目相看」。總而言之，並不限定何種強烈的感覺（當然，最後必須有一個明確的構想）。只要能激勵自己的行動。事實上，誠如吉野自己所言，讓他產生如此衝擊性行動的，並非特別崇高的意念，而是「鬱悶！」或「憤怒！」等極本能的念頭。從另一個角度而言，本能慾望越強的人越具有貫徹到底的強勁。

另一個原因是，排除任何妥協與寬宥而對自己嚴格要求——這一點非常重要。也許是生長在高度成長而富裕的時代，現今的年輕人已缺乏這種精神。

社會瀰漫著一種傾向是，寬恕自我的理論蔓延，一碰到困難、心酸的事情，就連自己應做的事也放棄。這種心態那能成功。

接著再介紹吉野的其他小插曲。那是將要接受大學聯考之前的一月十四日的事情。當天吉野的心緒非常混亂。因爲，雖然不久就要參加大學聯考，但早先已與朋友約定在翌日的成人節，和三五同伴一起到橫須賀的飯店舉行一個隆重而華麗的成人式宴會。這時候的吉野感到相當的爲難。

〈既然是和大夥兒們早就談好的約定，明天不妨痛痛快快地玩它一趟，也順便慰藉自己？我已經這麼努力熬了過來，大部份的試題也都沒問題。只有一天不用功又有何妨？而且，爲了這一天的來臨也準備好了一套新西裝……〉

〈不不，不行。我最受不了誘惑。如果一整天和朋友們胡搞瞎鬧，說不定蓄勢待發而緊繃的弦會因此而斷裂。如此一來一切就糟了。還是考完試後再參加宴會吧，現在要緊的是努力用功。雖然只是一天二十四小時的時間，但只要有二十個鐘頭，就可以做兩本問題測驗……。現在根本無暇遊玩……！〉

結果，吉野選擇了後者。據說還把眼前用二十萬元購買的新西裝用力撕毀後燃燒殆盡。了不起！只能這麼說了。正因爲對自己要求如此嚴苛，他才能背負差距那麼大的惡劣條件而達成目的。事實上，十五日當天所讀的內容，據說原原本本地出在考題上，所以，如果當天和同伴們爲了慶賀成人禮而胡鬧瞎搞一番，也許吉野將因此而考不上大學。

總而言之，從這段事實，我想讀者應可以理解，不論是參加考試或任何目的，只要確實去做，必有相對的回報（產生結果）。根本不需要事前的構思，只管立即採取行動。縱然略見魯莽的行動中隱藏著一些負面的要素，但只要帶著勇氣放手一搏，多半能成就目的。前述的矢澤永吉和現在所談的吉野，都巧妙地印證了這個事實。

●第三章

趕緊下定決心，企劃案拋到腦後

●決斷是成功的第一步

沒有比下決斷更難的事。其實，人生乃是一連串的選擇與決斷。

譬如，下個星期天要到海邊玩或上山走走——就連如此輕易簡單的事情，我們也無法立刻做出決斷。隨即爲此而猶豫不決、自尋煩惱。

〈充分享受游泳樂趣之後，又可以曬曬太陽做日光浴，還是去海邊比較好玩……。而且更重要的是，不是可趁機飽嘗女孩們泳衣模樣的眼福嗎……〉

〈不不，那有這回事。到山上不僅可以鍛鍊足腰，而且山上的空氣最新鮮了。還是山上比較有趣……〉

想東想西而難以下定決心。在舉棋不定之際，星期天到了。不得已只好倉促決定選擇其中一個去處。而有這種模稜兩可的心理時，通常會對落選的一方感到依依不捨，結果牽腸掛肚。假設這個星期天選擇到海邊去。

〈說不定上山較好吧……〉

〈也許到山上呼吸新鮮的空氣，從山頂眺望密集如棋盤的山下風景才好玩……〉

這是選擇了海邊之後的感想。假設，所選擇的是山上呢？

〈啊，走得兩隻腳累死了，景色也不美，早知如此不如選擇到海邊玩……〉

這個結果怪只能怪自己。不論到那個地方都不能盡興，做任何事都覺得了無生趣。難得的星期假日，不僅無法充分地享受休閒的樂趣，結果落得「一番辛苦只賺了一身的勞累」白費一天的光陰。

●越早決定者獲勝

那麼，該如何才能避免這樣的狀況？方法非常簡單。只要果斷且爽快地放棄其中一方，決定另一方爲選擇的對象。此外別無他法。

各位想想，人既非神仙，根本不可能同時去兩個地方。因此，再怎麼猶豫不決，最後必定只能從二擇一。不，不是最後，儘可能快快下決定。因爲，如果一直舉棋不定，不僅遲遲難以對目的做好準備，一旦腳步落後，就無法基於有力的條件推展事物。一旦下決定之後，必須把另一個目標斷然放棄且忘得一乾二淨。

絕對不可依依不捨而牽腸掛肚。

同時，發揮渾然忘我的熱情，埋頭傾注全力在所決定的事上。這是唯一的做法。

而這乃是使人生變得有意義，且能有利地推展的秘訣。

到海邊或山上玩，這等不足搬上台面的小事，縱然多少感到迷惑，也不會變成太大的損失，但是，如果是商業或攸關生命的重大決斷，事態則迴然不同。根本無暇推演比較。因此，必須迅速且立即掌握目標的決斷。

●不下決斷而導致死亡

法蘭克・R・史特克頓的小說中，有一則有關決斷的故事。名爲『女人或老虎』。

——地點是在阿拉伯。有一名文武兼備的青年騎士。他不僅受到阿拉伯國王的寵愛，甚至國王的女兒——公主也對其一見鍾情。不久，二人成爲情侶，也將在衆人的祝福下結成連理。

但是，這位青年騎士竟然在與公主結婚之前，和其他女性發生密切的關係。得知事實的國王怒不可抑，逮捕青年騎士後將其關閉在競技場內。競技場裡有兩扇門。其中一扇門內是飢腸轆轆的食人虎，另一扇門內是青年所深愛的女性……。

青年必須從這兩扇門中選擇一扇門打開。是左邊或右邊？右邊或左邊？？？如果打開門後，裡面關著的是青年所愛的女性，青年就可免去刑罰，而且，可以和那位女性結婚。但是，打開門後，如果是隻食人虎……。

無庸贅言，這時青年將成爲食人虎的食餌。那麼，該選擇那一扇門？如果難以下決定而一直不打開門，即意味著青年將在競技場內餓死。

公主指著其中一道門，告知青年打開那扇門。但是，青年無法相信公主的話。因爲，事到如今他已難以推測公主的眞意，到底公主是基於對他的愛情抑或嫉妒心作祟？

那麼，若是你該怎麼辦？是右或左？是左或右？要選擇那一道門？你能夠立即下決定嗎？

這篇小說只暗示我們，被迫處於人生歧路上史，迅速下決斷是多麼重要的事實，但很可惜的是，作者史特克頓並沒有揭開最後的謎底。青年騎士到底選擇那扇門，留下這個謎團而結束了此篇小說。

但是，這名青年的命運是早晚必須打開其中一扇門。而且要儘早決定。

因爲，不下決定，誠如剛才所言即意味著死亡（餓死）。

●下定決心不再留戀

我想，像如此嚴酷的決斷，世間倒不常見吧，但是，既生於世，則俗事難了，在各種不同的場面將被迫做出各種決斷。如果渴望成功，所碰到的決斷次數及苛刻的程度將隨著達成

心願的意志強度增加。

在第一、第二章，筆者針對行動力、耐力及執著力的重要做一番說明。而在此之前，不論做任何事，最重要的乃是「決斷」的行爲。因爲，事前若沒有做好明確的決斷，再怎麼了不起的成功秘訣，也顯得浮游不定無法落實。

所謂決斷——下定決定之後不再留戀——此外別無其他。以前述的例子（選擇爬山或海邊）即可明白，做任何事若是舉棋不定的半調子，終究會落得失敗。唯有事前做好決斷（下定決心集中意志），才能避免事後的悔恨。

「我要成爲歌手……」

「我要成爲作家……」

「我要成爲設計師……」

「我要成爲舞蹈家……」

不論什麼志願都行，務必堅定做出決心。我認爲這是唯一的方法。

這也是下決斷時最迅速的方法。但也許有人不表苟同而認爲：「決斷、決斷，說得倒容易，若眞能輕易地下決斷，根本沒什麼好辛苦的。各種問題堆積如山，那邊做一點這邊就出問題，這邊動點腦筋那邊就不行……，決斷可不是件簡單的事。既要下決斷，必須顧慮周到思前想後……，那是一句快下決斷即能了得……」

此話一點也不差。我也認爲下決斷並不容易，甚至沒有比決斷更難爲的事。若是考慮辭職獨立或轉職等關係將來人生的重大決斷，更令人不知所措。但是，正如我反覆再三地說明，若無事前的明確決斷，事情絕對無法進展。而遲遲不下決斷的人，通常會以「目前正在考慮中」爲由，結束原有的計劃。

好吧，就爲這些不下決斷的人，介紹一個空前絕後的決斷實例。各位看了這個決斷的事實之後，相信一定覺得自己所面臨的決斷，根本微不足道。同時，必會湧現下決斷的勇氣。

●東鄉平八郎決死奮戰的決斷終獲勝利

明治三十八年（一九〇五年）日俄戰爭正如火如荼地進行中。該年五月某天，日本海海戰總司令東鄉平八郎傷透腦筋。

〈從對馬沖進攻……？或從太平洋橫越津輕海峽而來……？你們這些混蛋！到底選擇那一條海路……？……？〉

這已超過煩惱的限度，想得都快腦筋衰弱了。他那絞盡腦汁卻不得而解的模樣，看得叫人覺得可憐。

當時，蘇聯的主力艦隊「巴爾極克艦隊」爲了支援戰友，正朝向海參威（蘇俄極東政策中最重要的港灣都市）奮力前進。而日本的聯合艦隊必須想辦法給予阻止。因爲，這隻艦隊若平安無事到達目的地，即意味著日本軍的敗北。聯合艦的隊的情況有如迫在眉睫般地事態緊迫。

總司令東鄉平八郎必須立即做出重大決斷。

因爲，無法將前往迎擊的艦隊劃分爲二。

簡言之，情況是這樣的。巴爾極克艦隊目前正朝向海參威航行而來，而日本艦隊卻搞不清楚它會通過對馬沖，或者從太平洋穿過津輕海峽而來。雖然，可以把艦隊劃分爲二前往迎擊，但是，對方可是蘇俄號稱百戰天神的巴爾極克艦隊。如果草率應擊，非但毫無反擊的機會且將被打得落花流水。

無論如何，目前所要做的是預測對方的動態，傾注全力備戰。否則，根本毫無勝算。啃蝕筋骨般的苦惱佔據了東鄉總司令的全副心思。萬一預測錯誤，日本軍將遭受毀滅性的大攻擊。但越想越搞不清楚。又不能不下決斷。

因爲，如果一直不下決斷，日本軍將不戰而敗。無論如何必須迴避莫此爲甚的不名譽。

東鄉掌握各種情報，蒐集資料從各個角度進行分析。（據說連蘇俄人的氣質或性格，也考慮在內）結果，某天他下定決心，向全艦隊發號以下的命令。

「敵人會朝對馬沖而來！不會採取其他的路線。全艦隊在日本海邊列隊備戰……！」

這可以說是攸關生死的決斷。結果，東鄉的預測完全正確。巴爾極克艦隊果眞通過對馬沖在日本海出現。日本聯合艦隊立即展開一決生死的迎戰。結果，號稱百戰天神的巴爾極克艦隊完全滅亡。日俄戰爭由日本贏得勝利而落幕。

●無論如何總要做出選擇並採取行動

各位的感想如何？如果你是總司令，果眞能做如此膽大的決斷嗎？如果只關係自身的安危倒無所謂，但一旦下錯一步棋，整個日本將落入蘇俄的手中。多數人通常會將艦隊劃分爲二，佈局在兩個攻防線上，藉此虛應搪塞。因爲，這樣的戰略令人覺得較安全。

但是，這乃是一種錯覺。當然，這樣的配置可能適合某些狀況，但以此戰役而言，應是決斷錯誤。非但毫無效果，說是自殺行爲也不爲過。

如果做這樣的決斷，難辭無能、憂柔寡斷之咎。這乃是街坊上經營倒閉（失敗）的經營者常見的光景。社會潮流分明已改變，卻依然故守墨規，從不向嶄新（未知）的領域嘗試。結果經營狀況陷入泥沼，最後被迫倒閉。若要避免造成如此結果，在攸關成敗的重要關頭，必須有明快而大膽的決斷。

也許目前的你也正猶豫不決。是否該辭去工作自創事業？應該轉職嗎？應該向前進嗎？應該做制敵機先的準備嗎？抑或維持現狀？……

但是，再怎麼苦惱、迷惘，總要做出個決斷。因爲，不下決斷即意味死亡（負面效應、形勢衰微、破產……、失敗）。

如果，你目前擁有某些構想，而渴望能使該構想成功時，不要再胡思亂想困守愁城，現在就做出決斷並付諸實行。雖然，其中也有令人難以割捨、痛苦的決斷，但如前述，若和日俄戰爭的東鄉平八郎的決斷相比，除非事關性命安危，否則應把他當做無足輕重的小決斷。

觀念一轉，心情也會覺得輕鬆許多。企劃與架構先拋到腦後，首先做出決斷。這不僅是成功的第一步，也唯有如此才能活用以往所擬定的技巧。祈求幸運降臨！

第四章

遇到障礙絕不躲避

●松下幸之助的「沒有失敗、只不過是挫折」

松下企業的創始者故松下幸之助，在生前曾說過這樣的話。

「我從未失敗過。當然，有許多小挫折。一般人都把它當做是失敗，我卻不以為然。如果把小小的挫折，全當做失敗，根本無法成功。我把它當做是成功之前的枝節。就像枝節越多的竹子越堅固，人也是挫折越多變得越堅強。而這些挫折的經歷，也拉近了與成功之間的距離……。」

果然是赤手空拳打開天下的大經營者，才有如此特異的見識。不僅話中具有份量，把失敗看做只是小小的「挫折」的構想，也和一般人大相逕庭。

我認為，松下先生所指的是以下兩個要點。

・遭遇越多的逆境，人反而變得越堅強、勇猛。所以，即使備嘗艱辛，絕對不可逃避。讓自己完全置身於逆境中，戰勝逆境才能開創眞正的人生——。

・到達成功之前，可以想見過程中有許多的障礙物（挫折）。但不可因一、二個障礙而氣餒、灰心。唯有堅忍不拔地一一克服，最後才能享用成功的美酒。

前者是闡述「逆境」的重要性，後者則指摘了「堅忍不拔」的重要性。

●成功者皆是堅忍不拔的人

誠如松下先生所言，不灰心喪志是成功不可或缺的要素。

被推崇爲成功者、勝利者的人，幾乎毫無例外地都深具堅忍不拔的精神。譬如，愛迪生爲了發明電燈，反覆上千回的實驗，貫徹意志堅忍不拔才獲得成功。同樣地，德國醫學家艾爾利希爲了發明殺死螺旋菌的藥，反覆六百零六回的實驗總算獲得成功。

企業家所經歷的也是同樣的軌跡。就連剛才所介紹的松下先生，爲了完成初期的「雙股插座」也是反覆無以數計的失敗；而京ＳＥＲＡ的稻盛和夫先生，不但積極向國內促銷，甚至三次訪美再加上將近百次的促銷（失敗）總算打開了僵局。

●固立可創業者江崎利一的戰鬥

創立固立可營養食品的江崎利一先生的戰鬥，也是慷慨激昂令人刮目相看。

明治三十年從小學高等科畢業後，立即接掌父職藥種業的他，除了販賣藥品之外，也兼職清晨的賣鹽工作，是個勤奮努力的青年。

自從十九歲父親亡故，肩負弟妹等六人家庭重擔及父親所留債款的立場後，更加拼命地工作，三年即完全還清所有借款。

此後，把目標轉向葡萄酒的經銷，但江崎並不以此爲滿足。

自從在有明海附近筑後川堤防外沿的河川平原上，目睹製作乾牡蠣的小屋後，江崎的人生此後產生巨大的變化。

漁夫把剝殼後的牡蠣，放在大鍋內燉煮。江崎注意到燉煮時流出的湯汁。

「牡蠣含有多量的肝糖（glycogen）！」

把營養豐富的牡蠣精「元氣之源肝糖（glycogen）」放在糖果內，基於「藥品當做餅乾、餅乾當做藥品」的構想，造就了營養餅乾「固立可（glyco）」。

但是，事業步上軌道之前，經歷了無次的災難。營業成績一直長紅。

從試賣品、附贈品、宣傳單到車上的宣傳販賣等，想盡各種宣傳手法，仍然無法提振業績。

這時，他突然想到一個窮極變通的販賣法，他認爲「與其從山下一一堆積石頭到達山頂，不如從山頂丟下石頭，也許勝負立見分曉。」而打算在三越百貨公司陳列固立可商品。

但是，商譽鼎盛而以老字號自誇的三越，根本不會擺設無名小卒的新製品。每次前往洽談即遭拒絕，但仍然厚著臉皮再度前往交涉。不論被拒絕多少次，仍然不放棄，卯足勁一再央求、請託。這乃是江崎令人刮目相看的強韌耐力。對方終於爲江崎的誠心折服，答應在賣場裡陳列其商品。固立可的商品在三越陳列後，其他商店也幾乎同意代銷。

據說，固立可企業把三越百貨在賣場陳列此商品的日子，訂定爲公司的創立紀念日。

●一定還有生存之道

但是，創業初期的苦鬥仍然接踵而至。也曾因資金不足向高利貸求援，結果搞得動彈不得的窘境。

夜晚，處理完工廠的進貨後，走到戶外忽一抬頭，所見的是閃亮輝耀的光潔明月。

「從橋上看著映照在河川上的月亮，忍不住一股衝動想要跳進河裡一了百了，而這個念頭又讓我警醒回來。」——他在自著『我的履歷書』中如此寫著。

成就豐功偉業的大事業家，一定有過無數次的苦難期，也會碰到幾乎無法捱過的艱酸時刻。

據說，支持他奮力向前的是，無論如何要把從牡蠣攝取的肝糖（也是拯救兒子疾病的牡蠣精），大量推廣以促進全國人民健康的念頭。

「應該還有生存之道。在有生之年必奮戰到底。」

重新整頓情緒之後，和作業員們同心協力積極推廣，終於業績漸漸上升，好不容易才解決了這個危機。而經營終於出現黑字，是商品在三越百貨陳列之後的兩年八個月。

此後的經營狀況卻不如想像的順利。本以爲行銷良好而積極出貨，卻碰到一大堆無法整理的退貨。等到一切處理妥當，竟面臨金融恐慌造成的交易銀行倒閉。

最後，使出渾身解數向大銀行懇求融資，心理所存的乃是「以拚死決心懇求，一定會應允」的信念，所幸捱過了這個危機。

●努力再加努力是二×二＝五

對於商業買賣，他有此見解。

「所謂商業買賣，的確是困難又不可思議的行業。我們無法掌握發展的契機潛伏在何等細微的事上。因此，最重要的是如何去發掘它並活用它。

若要擁有豐碩的成功，二×二等於四的基本常識是不足的。必須考慮再三反覆推敲，努力再加上努力，超越常識的窠臼，做出任何人也做不出的事來。換言之，把二×二等於四，改變成二×二等於五甚至六。」（『我的履歷書』日本經濟新聞社）

唯有這番精神才是觸動其事業發展的原動力。不過，我認爲除此之外還有遇任何事絕不氣餒的執著、絕不逃避困難的頑強耐力等因素。

他那堅忍不拔的鬥志，創造出名聲響亮的固立可姊妹品，在市面上推出第二商品「必司可」、第三商品「核桃固立可」及「一碰即可咖哩」等，經營情況一路發展而大獲成功。期間還歷經戰爭造成的重大打擊、工廠被燒毀、海外資金被接收、現有資金被封鎖而身無分文，完全回復到創業初期的兩袖清風狀態，但仍然不服輸而勇敢站起來。

而命運對他最殘酷的試煉是，決定爲後繼者的長男，正要交棒之際（時任專務）卻被死神召喚，但是，他仍然捱過命運的捉弄，擁有目前地位鞏固的固立可企業。

●愛國獎券也需要執著耐力

以下所介紹的是，日本獨賣新聞刊載在某縣的地方版記事。

——幸運的是，開始購買愛國獎券歷經五年以上、三十年代的上班族，射手座出生。第一勸業銀行獎券部，最近整理出一份縣內六十一年度愛國獎券中獎者白皮書，出現這樣的結果。中獎金的用途，有二成以上的人回答是存款。這份愛國獎券中獎者白皮書，是以縣內六十一年度前來領取百萬元以上獎金的九十七人高額中獎者（男性七十七人、女性十六人、團體四組）爲對象所進行的問卷調查。

根據調查結果，中獎者在男性中以三十歲層的人數最多，佔居二十七人（35％）其次是四十歲層、五十歲層，各有十五人。而女性也是三十歲層者最多，共有四人（26％）。（中略）

而當選者中特別引人注目的是，購買獎券之後，經過五年以上、十年未滿的人，高居三十二人（33％）佔居壓倒性的多數。十年以上有十二人（13％）二十年以上有十二人（13％），從數字顯示，購買獎券的年資在五年以上者，最爲幸運（後略）——。

一般而言，愛國獎券購買時並無差別選擇，不論是第一次購買者或經驗豐富者，中獎機率似乎没有太大的差別，但事實不然。根據這段記事，持續購買五年以上的人，出現較多的中獎者。換句話說，只要有執著頑強的耐力，就連愛國獎券（偶然的運勢）的中獎機率也會因而不同。由此可見，堅持到最後，耐性地一再購買獎券者，最後必能中獎。

●不要因一、二次求愛被拒絕就打退堂鼓

男女關係（戀愛）中，也同樣能印證這個道理。

有些男士，身材、長相並不特別突出，卻深受女孩們的歡迎。而這樣的男人多半是積極進取的性格。不厭其煩地追求女性，一旦找到目標，隨即挨向前去表示傾慕之心。

假設，你看上附近咖啡店的服務員洋子小姐。

那麼，你如何攻佔洋子小姐的心？絕對不可妄自菲薄，以爲自己根本沒有女人緣。這時，唯有採取「當面攻擊」的方式，大膽地直接向本人求愛。根本用不著擔心。對方剛開始也許基於警戒心會表示拒絕，但堅忍不拔的纏功，在連番數次的求愛下，保證對你必會產生興趣。

第一次追求——我喜歡妳。洋子小姐，請和我約會。

〈什麼呀！這個人好奇怪喔……。厚臉皮……、討厭……！〉

第二回追求——我就是喜歡妳。拜託妳和我約會好嗎。

〈眞是個怪人……突然說喜歡人家……、眞不好意思……〉

第三回追求——總之，我喜歡妳。只要一次就好了，請答應我的請求。拜託妳。

〈雖然有些厚顏無恥，不過，似乎是個溫柔的人……〉

第四回追求——我甚至夢見妳。無論如何請和我約會好嗎。

〈怎麼辦……如果只約會一次……、不過……〉

第五回追求——我喜歡妳。喜歡妳。不論別人怎麼說，我還是喜歡妳。非常喜歡妳。拜託妳和我約會好嗎。這是我一生的願望。

〈……那麼，如果僅只一次……，但是，只有一次喔……。〉

像這樣花一點時間緊迫盯人，事情到最後必會順著你的意圖發展。這時最重要的是，絕不可因對方毫無反應，追求一、二次後即打退堂鼓。從剛才洋子小姐的例子，我們已可發現即使對方表面上並沒有改變，其實內心多半已產生極大的掙扎，所以，必須貫徹意志堅忍不拔追求到最後。

這個例子中的洋子小姐，到了第五回合的追求，總算接納你的請求。如果你貿然下決定而在第四次即放棄追求，絕對無法實現與洋子小姐約會的心願。

●撲克牌要抽五十三次

在任何一個領域上，若要擁有所期待的事物，堅忍不拔的耐功絕對是不可或缺的要素。因爲，社會現狀並不是那麼簡單容易，光憑一、二回的嘗試就能實現願望。

總而言之，若期待幸運女神的祝福，必須和女神「較量耐力」。在此，讓你做一個遊戲，從這個遊戲中，你必可完全地瞭解「堅忍不拔貫徹到底必可成功！」的原理。

首先，請準備一組撲克牌，並做以下的設定。

黑桃的A＝大成功（一張）

黑梅、黑桃、紅心、紅方塊的老K＝中成功（四張）

黑桃、黑梅、紅心、紅方塊的J和Q＝小成功（八張）

鬼牌（Joker）＝大失敗（一張）

在五十三張撲克牌中，如果抽到黑桃的A，表示你獲得大成功。老K和女王Q及士兵J各代表中成功和小成功。如果抽到飛牌表示大失敗。而其他的撲克牌都是失敗（小挫折）。

你是否手氣極佳一抽就抽到黑桃A呢？或者運氣不好第一張牌就抽到飛牌？現在，請你好好地洗牌後，將撲克牌覆蓋在桌上，從中任意抽取一張。

很可惜的是，第一張抽到的是指定以外的牌。接著抽第二次……也很可惜的是又是指定外的牌。第三次仍然是指定外的牌。第四次……又是指定外的牌。第五次……又落空。第十次……總算抽到紅心的士兵J。換言之，你嘗試十回後，才獲得一次小成功。

但是，你並不因這一點點成功就感到滿足。渴望獲得大成功的你，再次向撲克牌挑戰。第十一次……指定外的牌。第十五……同樣是指定外的牌。第二十次……指定外的牌。第三十次……幸運地你抽中紅方塊的老K。在第十次的小成功之後，你終於在第三十次擁有中成功。於是，把目標訂在掌握大成功上再次嘗試。第三十五次……第四十次……第四十五次……。

到了這個階段，也許你已經抽中心中所期許的黑桃A了。即使還未抽中，也不必自怨自艾。因爲，撲克牌總共只有五十三張，只要卯足勁再抽八次，必定可以抽到你想要的牌。最可怕了是抽了四十次左右，心想：〈已經連續抽了四十次，仍然落空，大概沒希望了……〉隨即畏縮而不在抽牌。

●成功和耐力程度成正比

事實上，人生的成功和撲克牌遊戲的道理完全相同。

雖然狀況不同會有所出入，但一般只要挑戰十次到二十次，應該可以在人生中掌握小、中成功。從相反的角度而言——只嘗試二十九次（缺乏耐性）甚至無法擁有中程度的成功——。縱然嘗試三十次而擁有中成功，但這些次數仍不足以擁有大成功。必須再卯足勁，更耐心地挑戰。

總而言之，我想要說的是以下的道理。

——成功、不成功和個人堅持到底的次數成正比。不夠堅持的人只能擁有小成功，發揮最大耐力而堅持的人才能擁有大成功。即使渴望擁有大成功。若無與希望成正比的努力（耐力）絕對不能成功。但是，可喜的是，誠如撲克牌遊戲所暗示地，只要貫徹意志堅持到最後的人，必定可以擁有大成功——。

針對我的論點，也許有人提出以下的反論（疑問）。

〔1〕——其中不是也有人只抽一次牌，即幸運地抽中黑桃A嗎……？

〔2〕——雖然，一直抽牌直到最後，的確能夠抽到黑桃A，但同時也有抽到鬼牌的危險吧……。

對於這些反論，我的意見是這樣的。

針對〔1〕的意見——世界上的確有這麼幸運的人。但是，這完全出自偶然，鮮爲所見。若把目標放在千載難逢的偶然上，絕對無法擁有眞正的幸運。同時，必須特別注意的是，這種偶然之運往往事後會轉換成歹運。例如，中了高額的愛國獎劵或父母死後擁有一筆可觀的保險費後，整個人生因此變得頹廢的例子時有所聞。

總而言之，把希望放在偶然的運勢，以棒球爲例，彷彿是站在壘包上等候對方的失誤或四壞球一樣。如此安逸的想法，必會遭受幸運女神強力的反擊。爲了避免這種事態的發生，最好還是累積無數次（失敗）之後獲得的成功較爲妥當。因爲，它不僅能讓人學習人生，也能增強實力。

針對〔2〕的意見——首先我要說的是，即使抽到了鬼牌，但以往已抽到指定外的牌，經歷過無數次的失敗，因此，早已具備足以捱過難關的實力。而且，發生在人生中有如抽中鬼牌般的重大事物，唯有在毫無計劃、防備的狀態下處事才會發生。

因此，只要有對失敗的顧慮（預防對策）與充實的構想，我認爲在人生中，幾乎不會發生有如抽中鬼牌般的事態。尤其是閱讀本書的讀者，從本書學習到各種處事道理，發生重大失敗的機率當然降低許多。如果，在這樣的情況下竟然還抽到鬼牌時……？

其實凡事都有萬一，彷彿是遭遇車禍一樣（交通事故幾乎也能因個人的顧慮或注意力而避免……）並非個人的失誤所造成，所以，應該斷然地死心。這個死心所指的是，把它當做（神賦與自己的試煉）以積極前進的態度去應對。如此一來，鬼牌有可能隨即變成黑桃A，產生促成你做更大發展的可能性。

●我以作曲家爲目標而努力不懈的經驗

很抱歉的是，以下所要介紹的是，我個人爲某個目標卯足勁貫徹到底的經驗。這裡所說的經驗，和其他成功者的經驗幾乎無法相提並論，不過，我想利用實際發生而活生生的經驗做說明，將可以加深讀者對頑強耐力的理解。因此，膽敢在此丟人現眼。請各位瞭解筆者的立場，花點時間聽聽我的經驗談吧。

雖然，目前我是以「成功顧問」的身份，提筆寫作有關成功哲學或人生哲學的著述，其實，很可笑的是我年輕時候所訂的目標是成爲一名作曲家。因此，當時經常自己作些曲子，積極地應徵各種作曲選拔。也許是實力不夠，每次送審的曲子都落選，從來沒有一次中選過。有時把宣傳用的錄音帶寄給唱片公司，結果有如廢物般又被送回來。

但是，我仍然不爲此氣餒且更加奮發努力，開始作曲後的二、三年，總算偶而也在各種作曲競賽中入選。以撲克牌遊戲而言，彷佛是嘗試十次～二十次的抽牌後，總算抽中的王后Q或士兵J。但是，可惜的是那些作曲選拔會本身並沒有太大的號召力，中選之後並沒有任何發展。

因此，我把目標訂在與音樂界相關的選拔會上，更加奮發努力。

當時，我總算在歌手谷村新司，佐藤宗華主持的作曲選拔會中一再地名列前茅。在剛才的撲克牌遊戲中，所設定的是挑戰三十次左右，總算抽中老K（中成功）的情況，而我的例子則遠超過這個情況，經過一百次以上的嘗試才抽中了國王老K。

但是，這些選曲競賽，追根究柢只不過是收音機節目中，所謂的即興遊戲罷了。即使名列前茅，此後也沒有任何發展。

後來，我過的是悶悶不樂的日子。

〈到底該如何才能開拓踏進作曲家的門道呢……？……！〉

當時猛一回神，才想到唯有應徵日本最高層次的（我所想到的）作曲選拔賽〈日本作曲大賞〉奪得金牌才有希望！

日本作曲大賞是由日本作曲家協會主辦，ＴＢＳ電視台協辦，每年舉行一次的作曲選拔賽。如果在這個選拔賽中可以獲得最高榮譽的大獎，曲目灌成唱片的可能性當然激增。

爲了瞭解應徵的必要項目，我立即打電話給主辦者（財）日本作曲家協會。但是，在這裡我立即觸了礁。對方竟然回答，可以應徵選拔的是該協會的會員，只限定職業作曲家。我深受打擊。但是，隨即刻不容緩地詢問對方，如何才能成爲會員。對方的回答是：

「必須有正會員和協會理事各一名的推薦。同時，必須出一張以上全國發行的唱片，這是應徵的條件。唯有兩個條件符合，理事會才會從中審查……。」

我又承受了另一個打擊。不要說理事，我根本沒有作曲協會的朋友。而且，當時的我不僅從未出過小盤（限定盤）的唱片，更遑論大盤（全國發賣）的唱片（作曲）經驗了。

〈還是不行吧……〉我覺得喪氣而有打消應選的念頭，不過，後來日子一天天的過去，一股〈無論如何必須加入協會參加作曲大賞選拔……！〉的念頭漸漸盤據在我的腦海。有一天，我在書店看到一本書。那本書是爲當時歌手角川博塡詞的作詞家北村英明所寫的。那本書的主題是「如何讓自己的作品獲得業界的認同」，教導業餘音樂家如何毛遂自薦的作戰方策。

由於內容極爲精采，一口氣就閱讀完畢。閱畢後我立即打電話給作者北村英明先生。北村先生是非常大方、不拘小節的人，此後北村先生與我的私交日漸篤厚，所幸北村先生不僅是作詞家協會的會員，也是作曲家協會的會員。而且，還有一位交情極深的理事呢。於是我趕緊要求北村先生推薦我入會。而北村先生也極爲爽快地應允我的要求。

問題是唱片的條件，這邊也幸有那位理事的特別吩咐，總算克服難關。結果，在北村先生的全力支援下，終於可以加入作曲家協會。

●第三次的誠實

不過，雖然能夠成爲協會的會員，並不表示已達到我的目的。接下來必須參加作曲大選的選拔。無論如何必須獲得大獎。但是，這個大獎和加入協會的情況大不相同，它可是難關中的難關，無法輕易取得。因爲，應徵者不是音樂教室的主事者或講師，就是現職專業作曲家，各路英雄好漢齊聚一堂……。但是，事到如今可不是打退堂鼓的時候。如果無法突破這個難關，永遠不能實現夢想。

同時，突破此難關才有加入作曲家協會的意義。

因此，在距今十多年前的昭和五十八年，首次提出作品參加日本作曲大賞。當時所提出的作品，是我最滿意的作品，也是自信的代表作，因此，我暗自期許它的得獎。

——經過兩個月，漫長的兩個月。是審查結果將要發表的時候。我每天茶飯不思、坐立難安。每當電話響起，內心即噗通噗通地跳著，心想是否是得獎的通知……。因爲，通常在事前會打電話告知得獎者。但是，即便我癡癡等候，也沒有獲得協會打來的電話。如果已經得獎，應該早有通知前來。我感到不安。內心感到矛盾不已。

〈說不定落選了……！〉

〈不，沒這回事。那個作品是我的自信之作……！〉

〈那麼，怎麼毫無聯絡……？〉

〈果然是落選了……〉

某天我再也忍耐不住，拿起聽筒打電話到作曲家協會。

「你好，這裡是日本作曲家協會……。」

聽筒的對方傳來事務性的招呼語。這個事務性的聲音似乎也說出了結果。

「我想知道作曲大選的審查結果……」

「請問你是那一位……？」

「我是參加這次作曲大選的立木……」

「是立木先生嗎……。請等一下……。啊，立木先生，這次很抱歉，你似乎沒有入選喔……」

第一次的應徵，終於精采落選。也許是期待過大，當眼前印證「落選」事實的瞬間，這股打擊使我全身失去力氣，一時之間不僅頹廢喪志，甚至失去思考能力。但是，人是非常精緻的動物，經過一個月後即忘記當時的重創，慢慢地回復原來的模樣，人眞是神奇的動物。而且，燃起更勝於以往的鬥志，務必洗刷這次落選的恥辱，並下定來年非得奪魁不可的決心。

翌年，我創造了自認出類拔萃的作品，向第二次的作曲大賞挑戰。但是……，但是這次的奮鬥仍然沒有獲得回報，接連飽嘗落選的惆悵。那個瞬間燃起一股斷念的心境。

「啊，一開始就注定無望。全國實力堅強的協會會員，各個卯足勁覬覦大獎，像我這樣的人根本沒有入選的機會。明年不必再應選了……」

——轉瞬間又過了一年。今年的作曲大獎的季節又來臨了。但是，對我而言已不關緊要了。因爲，我早已放棄得獎的念頭。但是，在截止日快要到期時，從內心深處突然湧現一股強烈的企望。〈爲一點挫折就放棄心願嗎……？即使落選也無妨，至少也要參選看看吧……！〉

我難道？對自己的想法雖有所懷疑，隨即又改變想法。〈對了！不買愛國獎劵絕對不會中獎……！〉於是決定再參選一次。

這個意念終於奏效。當年我雖然沒有得到大獎，卻出乎意料地獲得全國第二位的「優秀曲獎」。

●終於奪得日本作曲大賞冠軍

難得的是，翌年我又連續獲得優秀曲獎。頓時士氣大振的我，意氣風發地決定：「好！明年一定奪得冠軍！」但是，我卻被朝三暮四的幸運女神捉弄，接下來的四年完全揮棒落空。但是，當時的我已因爲曾獲得優秀曲獎而體驗了硬撐到底必有結果的事實，因此，腦海裡再也沒有就此放棄的念頭。

在接連四個年度落選的翌年，我的夢想終於實現，獲得日本作曲大賞的冠軍（協會獎）。次頁所介紹的記事（參照照片）是報導當時得獎情況，日本作曲家協會發行的會報。

〈第十一屆日本作曲大賞〉

冠軍由立木惠章氏『如果是你』得獎　ＴＢＳ電視收錄、放映

社團法人日本作曲家協會主辦的「日本作曲大賞」在十月八日、ＴＢＳ・Ｇ攝影棚錄影，同月十二日（星期六）下午四點到五點二十三分，以『令人懷念的青春暢銷曲巡禮』的節目名稱放映。由吉村明宏、ＴＢＳ播音員福島弓子擔任主持，該協會的曾根幸明、平尾正晃兩幹事，也以評審解說員的身份出席。

(1) JACOMPA 1991.11.1

JACOMPA

社団法人 日本作曲家協会会報

No.95

JAPAN COMPOSER'S ASSOCIATION

第11回日本作曲大賞

作品発表後、インタビューを受ける立氏[illegible]

小川寛行委員長から表彰される
（左から）石田光輝、海野カズ美の両氏

立木氏

TBSテレビ 収録・放映

グランプリ[redacted]『もしもあなたなら』が受賞

「懐かしの青春ヒットパレード」で

社団法人日本作曲家協会の主催する「日本作曲大賞」が十月八日、TBS・Gスタジオで収録され、同十三日（日）午後四時から五時三十分まで、「懐かしの青春ヒットパレード」と題して放映された。

西村知美氏、TBSアナウンサー福島弓子さんの司会で進行、当協会から、曽根幸明、平尾昌晃氏が、コメンテーターとして出演。

日本作曲家協会グランプリは、応募作数三百十二曲の中から、立木恵章（たちき・けいしょう）氏作曲、北村宗明氏作詞の「もしもあなたなら」に決定、日本作曲大賞審査委員長・小川寛興氏から協会賞が贈られた。また優秀曲として、東京の大成昌人、岡取の石田光輝、そして岐阜の海野カズ美の三氏が選ばれた。

なお、協会賞は当協会会員の中から、オリジナル曲を公募し、特に優れた楽曲を選出、毎年その作曲家を表彰するもの。

当日「懐かしの青春ヒットパレード」は六〇年代、七〇年代のヒット曲を曽根・平尾両コメンテーターの話を織り込みながら進行、尾崎紀世彦、平山みき、松崎しげる、渡辺ジュン、KAN、MIKEらが懐かしい曲の数々を歌い、最後に今回グランプリ受賞の立木恵章氏作曲「もしもあなたなら」を三浦武史氏の歌唱により、発表された。

今回協会賞の審査員は、渡久地政信（委員長）、市川昭介、猪俣公章、遠藤実、岡千秋、小川寛興、弦哲也、鈴木淳、船村徹、三木たかし、山田正の十一氏。また、予備選考委員会の委員は、[illegible]一、水[illegible]一、四方章人の三氏。

賞	作曲家	曲名
日本作曲家協会グランプリ	二木 恵章	もしもあなたなら
優秀曲	[illegible]	[illegible]
優秀曲	石田 光輝	[illegible]
優秀曲	海野カズ美	TIME GOES BY

JACOMPA JACOMPA JACOMPA

日本作曲家協會大賞從應徵總數二百十二曲目中決定冠軍得主是立木惠章作曲、北村英明作詞的『如果是你』。由日本作曲大賞執行委員長小川寛興先生頒贈協會獎。而優秀獎則選出東京的大藏百人、鳥取的石田光輝及岐阜的海野卡芝美等三位。同時，協會獎還從該協會會員中，公開召幕原創曲，選出特別優越的樂曲，並表彰該作曲家。（中略）

這次協會獎的審查委員是渡久地政信（委員長）市川昭介、豬俣公章、遠藤實、岡千秋、小川寛興、弦哲也、鈴木淳、船村徹、三木高志、吉田正等十一位（後略）

各位覺得如何？像我這樣不折不撓堅持苦鬥到最後，終於也獲得了祈願已久的日本作曲大賞冠軍。回想起來，從參加選拔之後，歷經十五、六個年頭才獲得成果。附帶一提的是，這首曲子很可惜的是因歌手的關係，最後並沒有錄成唱片，但是，因獲得作曲獎冠軍，而有其他音樂製作公司前來要求爲新人歌手製作一首問世曲，那首曲子名叫「風啊，替我傳話」也是我首張錄成唱片的大盤。

這首曲子是由美女新人歌手「風見娜基莎」所唱，CD和錄音帶總共賣出七萬張，還獲得國王唱片公司頒發的獎勵獎。

目前的我是以作家爲本業，作曲純屬業餘興趣，不過，我也從自身的經驗，學習到堅忍不拔的耐力對成功而言是多麼重要條件的道理。社會上常見自怨自艾：自己缺乏運勢才不能成功；缺乏才能而無法成功，把一切失敗歸罪於運勢或才能的人，在我的眼中，事實並不然，甚至想告訴他們：「那是因耐力不足所致！」

因爲，我本身也不是才能秉賦的人，像我這樣的人也可因貫徹堅忍不拔的耐力而獲得某種程度的成果。希望讀者特別注意這個事實。

第五章

體驗失敗，走過崎嶇路的人會大成功

●儘早擁有成功的人生不太好

假設你的志願是成爲一名演員。這時，你希望自己扮演什麼樣的角色？主角或配角？或者是壞蛋的角色？想必一定是主角囉。而且一定希望自己能飾演外型帥氣有如日本石原裕次郎的角色。那麼，就假定你的心願得償，你以一張新面孔突然被拔擢爲英俊小生的主角。這時，你大概會有這樣的想法吧。

「我的運勢怎麼這麼好？如此一來已經是鼎鼎大名的明星。從此之後，我可以靠明星這行飯過一生了……」

但是，專家會這麼說。像裕次郎這種明星是少見的例外，一般以新面孔被拔擢爲主角的人，通常不會成爲大明星。

那麼，什麼樣的人才能大紅大紫呢？唯獨體驗過失敗的人。

據說這些人在台面下的苦熬磨練經驗頗長，一旦碰到可以表現的機會，必會發揮卓越的能耐。不僅扮演主角毫不遜色，甚至有一股速成演員無法相提並論的韻味。譬如，三國連太郎、森繁久彌、江守徹。這些人剛開始都是落敗者（只擔任配角、惡棍），因此，才能慢慢琢磨成長爲演技別具風格的明星。

這些例子並不只限於電影界，歌唱界也是一樣。五木廣之、森進一、北島三郎，這些都是各位耳熟能詳的歌手，目前他們乃是穩坐日本歌謠界的王者，但是，在他們展露頭角之前，個個都體驗過難以用筆墨形容的心酸。而這些心酸經驗，才促成他們成爲如此優秀的大歌手。

人生如果一開始就擁有接連再三的勝利，如此安逸的過程一點也不有趣。

誠如「禍福有如交錯纏繞的繩子」的譬喻，只有勝利的人生不可能存在。勝利的背後必隱藏著敗北的徵兆。

因此，人生最好不要一開始就獲勝。反而是一再地挫敗，接連再三的失敗較有益。當然，也不能只臣服於失敗。必須從失敗的人生中學習到什麼。並把它串連到下次的機會上。唯有耐力達到飽和點時，你才能成爲眞正的勝利者。

●崎嶇繞轉的暢銷曲作家阿久悠的秘密

作詞家阿久悠先生，之所以成爲鼎鼎大名的作詞家，據他所言乃是「經歷崎嶇坎坷的人生所致……」

大學時代的阿久，非常熱愛電影，夢想成爲一名劇本家。

但是，當時的電影界乃是走在時尚尖端的熱門產業，根本無法進入其管道。

阿久悠情非得已而考慮現實路線，於是朝教師的資格奮力爭取，不知是幸或不幸，當時因沒有缺額而不獲錄取。阿久悠不得不在大學畢業後，到第三志願的廣告代理店就職。但一進公司即感到失望。因爲，該廣告代理店正製作當時大爲轟動的電視節目『月光假面』，他原以爲自己也可藉此和電視界有所關連而選擇這個工作。但是，他所隸屬的部門是和製作毫無關係，書寫節目播放原稿的部門。因此，他每天只能爲月光假面這個節目寫作劇情的稿件。

「……月光假面的命運到底如何……」

結果，在該代理店服務五、六年後，阿久悠以寫作爲目標離職獨立。當時是二十八歲。所幸在代理店時代的人脈是工作的資源，收音機或電視台的劇本工作蜂擁而至。從搞笑節目的構成到短劇的劇本等，幾乎大大小小、千奇百怪的東西他都寫遍了。

其中，他首次接受作詞的請託。當時極受歡迎的合唱團「史芭達斯」的暢銷曲『FURI-FURI』的B面『蒙奇舞蹈』這首曲子的作曲者就是阿久悠。因爲這次的工作經驗使他開始踏進作曲家的門道。附帶一提的是，他曾經寫過四千以上的歌詞，光是單曲唱片就已銷售六千萬張。

以下列舉數首暢銷曲供大家參考……。

『從北之宿』『船歌』『津輕海峽冬景色』『隨波而去』『給強尼的傳言』『UFO』『紙警部』『青春時代』『老師』『乒乓伴體操』『怎麼也停不住』『令人氣絕的煩惱』『下次重逢前』。

etc……。

●不要想從最短距離擁有一切

言歸正傳，當阿久悠以作詞家名聲大噪之後，據說志願成爲作詞家的年輕人們，紛紛到他的住處毛遂自薦：「希望你能看看我作的詞。」這些後進晚輩通常帶二、三篇詞過來，而且拿過來的詞曲似乎是竭盡腦力的創作。據說，碰到這種場合他一定回絕對方並說：「啊，等你的詞寫到櫥櫃都堆滿了再來考慮吧……」

他的解釋是這樣的。

「我並不是故意整人家。其實作品是思潮的泉湧。若要泉湧出一篇好作品，必須有推高而上的聚集力……」他又說。

「觀看最近的社會風潮，總覺得凡事都有『以最短距離獲得』的想法。（中略）年輕時期四處游擊，儘量向各種事物挑戰，反而較能活出自己吧。這樣的人才能擁有宏偉氣度。發自內在的氣質必更充滿著魅力。（中略）不要以最短距離思考過程，儘可能迂迴繞轉四處游擊，儘量擴大自身的人性層面——我認爲唯有像在迷宮探索般的生活方式，雖然有繞道遠行之感，事實上卻一步步紮實地踏上成功的坦道。（『人生是在第二志願獲得成功』）

此言一點也不差，誠如許多先哲偉人所指摘的，年輕時期最好不要一步登天，輕易地擁有成功，而儘量經歷失敗、挫折，累積較多崎嶇迂迴的經驗，爲人生立下穩固的礎石較好。因爲，這種「迂迴繞轉效果」必可使將來有更宏偉、更穩固的成功。事實上，阿久悠也是因爲有上述崎嶇迂迴的人生經驗，才能創造出高達四千多曲的龐大作品，如果他沒有任何挫折、失敗而順利地成爲作詞家，是否能成爲如此暢銷的作詞家，頗令人懷疑。

●德川家康令人畏懼的忍耐力

提起走迂迴路的王者（忍耐的人），在日本這個國度裡，德川家康應當之無愧。衆所周知地，他是繼任織田信長、豐臣秀吉之後一統天下，建立德川三百年歷史基礎的大武將。不過，和如此輝煌宏偉的光榮相對的是，他那極爲少見而悲慘的前半段人生。他所經歷的是敗北、敗北、敗北的連續。五十七年間從未打勝過一次仗。但是，他從未屈服於失敗。而且，還把失敗吸收爲貪慾的肥料，從不忘記把失敗經驗灌輸到下一個階段運作的努力。這些經驗的累積終於奏效，最後在關原之戰獲得大勝利，一舉奪取天下大局。

在此我們應注意的是，並非最後獲得勝利才取得天下，而是能把以往的失敗當做教訓，以他山之石而攻錯，才能擁有最後的勝利，結果因而奪得天下。

家康三歲的時候，失去心愛的母親，而在八歲的時候父親又亡故。那是暗殺。早在幼年期，家康已經歷了兩次重大的不幸。

而且，他從六歲到十九歲的十數年間，是以人質的身份在異國（織田、今川）生活。那十數個年頭，是身不由己的禁錮之身。非但如此，一旦發生戰爭，必須被迫充當該國的急先鋒，不顧生死闖入敵陣。身爲人質，所有一切危險的任務都丟到他的頭上。

但是，人生如此坎坷的家康也有轉機的機會來臨。在桶狹間之戰，金川敗給了織田軍，因此，他總算從人質恢復自由之身。當時的家康年值十九歲。

此後，家康和信長結成同盟，一再地擴張勢力。但是，在二十年後雖是暫時性的，卻也碰到了另一個重大的阻礙。

原來，家康接獲當時擁有絕對權力的信長一道慘絕人寰的命令。殺害正室築山妃和嫡男信康！如果違抗命令即意味德川的滅亡。家康不得已忍痛應允。

咬緊牙根忍耐逆境而把一時的敗北平撫的家康，接著所遇到的挫折是「本能寺之變」信

長暴斃，秀吉討伐明智並攻陷小田原城的天正十八年。當時，秀吉幾乎已掌握了天下。

一路與秀吉苦鬥對抗而來的家康，到了此時已被平定近畿並延伸到中國、四國、東海而勢力龐大的秀吉所壓倒，家康也不得不臣服於秀吉的軍門。「和如此巨大的勢力對抗並非良策！只意味死亡」。家康做了如此冷靜的判斷。他並不是放棄奪取天下的野心，而是臣服於暫時的敗北。

此後的家康被秀吉奪取三河、駿河等四國的領地，並被轉封到不毛之地的「江戶」。這對家康而言再也不是咬緊牙根即可忍受的重擊。但是，家康仍然坦率地順從命令。因爲，他打從心底相信，這一次並不表示永遠的敗北，而且，只要忍耐必有機會來臨。正如家康所信守不移地，機會終於來臨了。

慶長三年八月十六日，秀吉在伏見城走完人生最後的一步。當時的家康年方五十八歲。家康天生具有的頑強耐力與努力終於開花結果，擁有僅次於秀吉的第二號實力。家康利用此難得的機會，一步步進入奪取天下的體制。

結果在慶長五年九月，家康於關原合戰打敗西軍的石田三成，終於成功地奪取天下。回想起來這是一段漫長的旅程。也是辛苦的旅途。因爲，家康經歷了無以數計的挫折之外，也體驗了不勝枚舉的敗北經驗。他的一生可以說是一連串失敗的連續。

但是，家康一點也不爲這些逆境所動搖，終於到達勝利的最高峰。

這完全是他忍辱負重，一一收拾可能造成永遠敗北的事態，使其僅止於一個失敗的經驗，並不忘把它應用在下次機會的努力。

——人的一生彷彿背負重擔走遙遠的路，不可操之過急。常憶起不自由時即無不足。心中有所欲望時，應回想困苦之時。忍耐乃確保安全無虞的基礎。發怒視爲大敵。只知勝利而不懂失敗，已置身於禍害中。責備自己而不苛求他人。不及勝於太過——。

這些都是家康的著名「遺訓」。

從遺訓中即可一目了然，他所訴求的仍然是忍耐的重要。

像他這樣令人感到茫然的忍耐＝崎嶇繞轉的過程反而造就了他的實力，最後終於獲得無上至寶的「天下」。

●鼓起勇氣親身體驗

從上述這些例子，我想各位應能明白崎嶇繞轉的經驗，對成功有多大的貢獻了。先前我曾說——阿久悠的崎嶇繞轉經驗，促成他成爲暢銷作詞家——家康的情況也不謀而合，他是經歷無數次的失敗經驗，才造就了擁有家康天下的器量。如果，他的人生是平步青雲般地順坦，世上絕對沒有家康這位天下了。

由此可見，逆境體驗可以鍛鍊人且使人成長。

根據某評論家所言，姑且不論德川家康之類的大人物，在日本大概不會再次出現推動明治維新的西鄉隆盛或大久保、龍馬等人物了吧。爲什麼？

因爲，現代人（尤其是年輕人）非常厭惡繞道遠行之路。更貼切的說法是，這個時代的環境太好了。換言之，「全民富裕化」的普及，即使不必迂迴繞轉，也可因父母的提攜或支援而成就某些程度的願望。

若在從前，多數人在經營一家公司之時，通常沒有背景也無資金，因此，從頭至尾的策劃、經營並不如意。

而且，凡事都要親自動手，自然在各種試行錯誤下而不得不迂迴繞轉許多冤枉路。但是，在迂迴繞轉的過程中，從聚集資金、尋找保證人到召募作業員或與房東的折衝等等，已從中學習到各種經營手法。結果人才輩出，不乏成功者。

但是，反觀現今的年輕人，情況卻不相同。他們從沒有這些迂迴繞轉的冤枉路。可以一步登天，立即到達目的地。因為，從資金調配到尋找保證人，乃至周遭事物的打點，一切麻煩難理的事物，全由父母一手代勞。這種環境的確輕鬆而了無負擔，但這是錯誤的。他們從不瞭解，這種過度保護的態度反而會造成抹滅當事者能力的結果。

那麼，情況會如何呢？即使尚不至於事事稱心如意的地步，但當事者對於一切安排就緒的環境會感到滿足，因而難以浮現建設性、積極性的想法。既然沒有「無論如何一定要大大成功」的想法，自然也不做努力。

在不努力的情況下，結果往往做任何事都落得失敗。失敗後若能以此為教訓再振作起來，倒無問題，但生性討厭處理麻煩的事情，又無忍耐經驗，根本無法重振士氣。於是又再次尋求父母的庇護，藉此推卸責任。

雖然這種現象倒不至於罪大惡極，但亦無成功的道理吧。也許是因父母的偏愛（過度保護）而缺乏骨氣，總而言之，現代年輕人已幾近可憐地缺乏魄力（最後關頭的執著、忍耐力、獨立心）。

●稍微嚴格就放棄的現代青年

這一點只要觀察日本相撲界即可一目了然。

在二次戰後的相撲界，各個時期至少有二、三位實力極爲強悍的力士。所以，相撲迷們都以個個代表人物稱呼不同的時代。

例如，栃若時代、柏鵬時代、北輪時代、etc……。他們也的確非常了不起。經常是優勝戰線上的座上賓。不僅是他們，追隨他們的大關、關脇也都個個實力堅強。縱然能力上無法與橫綱匹敵，卻能展現各自的實力，使相撲場內沸騰不已。

但是，最近的相撲界卻已缺乏這股強力。在日本人中很可惜的是再也找不到像大鵬或北之湖、千代富士等，絕頂強悍的力士了。雖然，若貴也是實力堅強的力士，但程度上還不足以成爲「絕頂之強」。

即使號稱實力堅強的現代力士，也缺乏安定性。一場獲得全勝的戰績，到了下個會場只能奪得九勝。總而言之，大家「平分秋色」幾乎任何比賽都是勝負輪番交替的景象。

何以演變成這種景況？原因極爲明顯，這乃是近代化的風潮也吹襲到相撲界，再也缺乏孕育北之湖或千代富士等大橫綱（具有魄力的人）的土壤。換言之，現代力士所處的環境太優渥了。某相撲大師傅曾針對這個現象有此感嘆。

「現在的孩子不知是否被驕寵慣了，眞傷腦筋。稍做嚴格的練習，立即哭喪著臉說不幹了……，如果稍一鬆懈，又自以爲是……。所以只好不勉強他們，讓他們自由發揮。眞沒辦法……。如果這樣而能上升到大關、橫綱，倒沒什麼問題……。

像我們走進相撲這一行的當初，過的可是苦不堪言的日子。早起到睡覺之間，就是練習、練習以及練習。過程中還要充當護侍者，伺候前輩們的大小事。動輒被怒吼、大罵，走進此行二、三年的期間，全身上下都是瘀血……。」

●過度保護是大敵

實際上，就以數年前丟下一句：「我和師父的相撲理念不同！」拂袖離相撲界而去的前橫綱雙羽黑的例子看來，這位師父的慨嘆多少可以理解。

雙羽黑這個人，以力士的才能而言似乎頗爲獨特。事實上他在進入相撲界之後不負衆望，即在短期間內晉升到橫綱級。但是，他在關取時代卻從未取得優勝。經常眼見就要獲勝，卻在最後緊要關頭缺乏後勁，總是差一步而被敵手摶倒。富有才能的實力派力士，怎麼如此差勁呢？

原因是，他們毫無在下層苦幹奮鬥的經驗。

雙羽黑原本是具有力士實力的人，其師匠因顧慮如果嚴格磨練恐有揮袖離去之虞，而不讓他擔任侍候他人的助手，並特別禮遇他隨身有一位親切的師匠服侍左右。錯就錯在這裡，反而帶來相反效果。在相撲界對所有力士而言，擔任助手的時代可說是最下層的苦熬時代。動輒被前輩、師匠毆打、磨練，體驗地獄般痛處的絕佳機會。雖然這個制度有些封建，但從另一個角度而言，正因爲有這樣的制度，力士們才能在鍛鍊中紮實地成長。

但是，雙羽黑卻沒有受過助手時代的洗禮。

驕寵他的師匠也有過失，這些恩寵結果反而促成雙羽黑那殘暴的性格，甚至抹滅了其天生的才能。

而現今的貴乃花、若乃花情況又如何呢？生物學上有一個大原則，

「生物如果過保護會變脆弱，甚至成爲大敵——！」

我們人既然也是生物，若爲往後著想，似乎也不要過度保護才好。

●考取成功認定考試

——某地有兩個男孩，一個叫英夫，另一個叫春彥。

他們是年紀相差一歲的兄弟。但是，不知何故父親對他們二人卻有差別待遇。對哥哥英夫照顧得無微不至，而對弟弟春彥卻相當苛刻。

也許是英夫自幼體弱多病，父親每天用車子接送英夫上學，而春彥則和鄰居的小孩一起步行上學。升了中學之後，父親對哥哥的偏袒日形加劇。只要是英夫所想要的東西，不論是服裝、手錶或腳踏車，幾乎予取予求，但對春彥卻極其殘忍地沒有購買過任何一項禮物。對此情況感到鬱悶不已的春彥，某天告訴父親說：

「爲什麼，都不買東西給我？爸爸……？偶而也買○○○給我吧……」

結果父親的臉色遽然大變，對著春彥怒吼：

「你說什麼？你這個小混混！想要就自己賺錢去買呀！」

「……！？」當時的春彥非常渴望有一輛腳踏車，因此就到附近的報社打工送報紙，賺錢買了一輛腳踏車。打工時，春彥一直有個想法。

〈老爸爲什麼那麼疼哥哥？害我每天必須早起做這麼辛苦的工作……。好，等著瞧吧……！〉

春彥買了腳踏車之後，仍然持續送報的工作。因爲，父親並不允許他辭掉工作。當春彥上高中時，父親命令春彥做一件令人意外的事。他竟然叫春彥除了打工送報之外，還要加入鎮裡助興團隨團在鎮內走唱。

他的父親一旦決定的事情不可能更改。春彥哭喪著臉百般無奈地變成助興團的團員，隨團在鎮內遊街走唱。懊悔極了，又覺得沒面子，忍不住淚流滿面。不久，這件事被同學們知曉，同學開始對春彥惡意的欺凌。

春彥把實情告知父親，哀求他務必辭退助興團的工作，但父親硬是不肯答應。叫他無論如何一定做到底。非但如此，甚至要求他向恥笑他的同學報復。六個月後，本以為總算從助興團獲得解放可以回復自由身，卻不料又被指派幫忙自家經營的印刷業。而且，被指派在最辛苦的外勤（營業）工作。到附近一家家拜訪，爭取廣告的工作。

這個工作的辛苦不下於助興團。因為，成績不好時，父親隨即勃然大怒，大聲怒吼叫他務必再跑一回。但是，「習慣」，是多麼令人畏懼的力量。先前的助興團的工作也是如此，經過兩三個月後，春彥已經對外勤的工作習以為常，甚至掌握工作的要領而有不錯的成績。

但是，春彥的鬆懈如曇花一現的功夫，父親又對春彥提出另一個新的要求。

「畢業之前，務必把學校的成績拼到十名以內……！」

對於功課不盡理想的春彥而言，這簡直是令人傷腦筋的問題。

〈再怎麼說，這都辦不到啊……〉

春彥剎那間有此想法，但是，這可是生性頑固的父親所交代的命令。如果不順從，事後的虐待可難以想像。春彥不得已只好向最不擅長的讀書挑戰。結果，在三年級的最後一學期，春彥終於達成目標。當時的春彥深刻地體驗到〈人只要想做必辦得到……〉。

●辛酸塑造可以熬過風雪的人

以前總總努力終於得到回報，高中畢業後的春彥，不久即進入東京的大學讀書。當然，父親對他的生活所需一毛不拔。因爲，他的父親說，父母的責任只到高中之前，此後必須憑自己的力量苦學。而在大學時代，父親仍然以一貫的作風對春彥指定了無數的難題。而每一次春彥都刻苦耐勞，想盡辦法一一克服。

就在大學將要畢業的某天，一通緊急電話打到春彥的住處。那通電話告知父親猝死的消息。春彥趕緊打點行李返回故鄉。回到家裡時，前來迎接的母親遞給春彥一封信。那是父親寫給春彥的書信。信上寫著：

「……以往讓你吃足了苦頭，我眞的覺得非常的抱歉。但是，我並非毫無理由地虐待你。事實上，我渴望你能成爲個性堅強，足以忍受世間任何風雪的人。因爲，我不寄望英夫，而決定把全家重擔委任給你。

英夫雖是長兄，但身體虛弱，性格又懦弱。我認爲唯獨身體強壯的你，才能繼承家業。因此，從小就故意折磨你，藉機鍛鍊你。希望你能原諒我。

而你也不負我的期待，一步步熬了過來。已經沒問題了。你足以成爲我們家的優秀繼承人。我如此地確信。以後萬事拜託……。」

其實，春彥的家經營大印刷廠，且在附近擁有數個不動產，是非常雄厚的資產家。當初，以傳統而言，他的父親理所當然有意把家業傳承給長男英夫。但是，顧及英夫的性格與身體，途中決定讓次子春彥繼承家業。

既然要繼承家業（財產、公司）當然就必須負起身爲家長的責任，無關個人興趣，總要承擔且捱過各種各樣的難關。

一般的意志力，恐怕會被這股壓力逼得喘不過氣來。

爲了培養戰勝各種難關、面對各式挑戰的堅強意志力，父親才刻意讓春彥飽嘗各種辛酸，藉機給予鍛鍊。這個計劃巧妙地奏效，春彥果然在父親的意料之中，慢慢成長爲一名富有責任感且堅強勇猛的青年。

●一旦放棄一切就結束了

我之所以提出這則故事，是有原因的。

爲的是希望各位藉由這則故事，眞切地瞭解——幸運女神在給人優渥的報酬時，必先讓該人陷入逆境，試驗其是否有值得報酬的器量——。

以這則故事爲例，父親正是女神，而春彥則是渴望成功的人。換言之，女神不會輕易地給人報酬或成功。祂會一手把人推入逆境，使其飽嘗各種苦頭，唯有具備堅強意志力熬過總試煉的人，才給予成功、強運、財運等報酬。

假設，你渴望成爲一名作家，並希望將來能夠獲得文學獎之類的大獎。這時，幸運女神會立即做以下的檢討。

〈這個人果眞具有成爲作家的要素嗎……？〉

〈這個人的決心是堅定不移的嗎？抑或只是一時興起的半調子……？〉

檢討再三之後，唯獨判斷具有可能性的人，女神才會故意讓你陷入逆境，從中反覆地試煉你。而事實上創作出優秀作品的你，也一再地向○○新人獎、○○懸疑大獎等投稿甄選。而應徵者的你，自然內心充滿著期待〈這是我嘔心泣血的力作，說不定能入選……？〉世事是難以隨心所欲的，女神根本不會允許。祂何其殘忍地讓你所有的應徵全數落選。

如果你因此而喪志，打消進軍文壇的念頭，一切就已結束。相反地，鼓起十足的勇氣熬過試煉（反覆數十回甚至數百回）女神才會刮目相看，認爲你是頗有骨氣的人，總有一天獲得女神的應允，終於成爲宿願已久的作家。

我先前曾提到——人生最好一開始就落敗——其實若是挑戰者（積極走向人生的人）的

敗北，這種敗北乃是女神故意「試煉」的敗北根本無需爲此頹廢喪志。相反地，應心悅誠服這些失敗，把它當做是「自己正受女神的試煉……！」

因爲，能夠獲得女神的試煉，表示你是雀屏中選的人，總有一天你會因女神向後猛推的一把力，有可能飛躍突騰。

第六章

不受任何束縛、永保自由之身

●世間諸事瞬息萬變

——社會潮流隨時都在轉變。今日引領風騷的人、物已成明日黃花，另一個新的竄升抬頭。但是這個新的不久日漸衰微，又有新的嶄露頭角，隨後繁華蓋世成爲世人矚目的焦點，但是，總有一天又進入衰微……——。

總而言之，這個世界沒有永遠繁榮昌盛的事物，隨著時代的變化，繁榮昌盛也隨之改變。

譬如，在以往的抽煙風潮下，連女性也手燃一根煙，造成賣香煙的商店生意興隆，但今日社會又普遍流行起健康的風潮，產生禁煙運動，造成賣香煙業者的衰退。相反地，酒類被認爲是百藥之長，酒精的價值重獲評估，使得賣酒的行業門庭若市。

但是，不久之後因飲酒造成肝臟惡化的人陸續而出，酒商也因此而趨向衰退。而根深蒂固的健康風潮——若要健康，最好的辦法是活動肢體——隨之而興起的是運動產業。有氧舞蹈、爵士舞、網球、足球、棒球、登山etc……。各種運動一時大爲流行。各關連企業也因此而財源廣進。

但是，這些樂不可支的運動產業界，也漸漸走向夕陽化之路。

因爲，在具有權威的醫學者之間，陸續地發佈驚人的研究報告，指出運動對身體有害、運動過度會使體內產生「活性氧」造成疾病——。

而到了不切實際的泡沫時代，人們群起熱衷於金錢遊戲，隨之成爲世人矚目焦點的是金融相關業者，一時翻身而變成時代寵兒。而在投機風潮鼎盛之時，據說就連高中畢業的新進女職員，當年度的獎金也高達數十萬元以上（某證券公司）。從這個例子不難發現，在投機風潮鼎盛的泡沫時代，金融相關業者是多麼的景氣。

但是，衆所周知的，繁榮一時的金融業，也隨著投機景氣的崩壞，有如瘟疫病魔扣住頸項一般，至今的營業依然低迷不振，所有證券公司都陷入赤字經營中。

●讓命運和自己一致

義大利思想家馬嘉貝里曾針對命運如是說：

「世事無常，今日誇稱運勢鼎盛的君主，明日突然陷入蕭條的世態時有所見。雖然，他的生活方式或才華依然如昔……。原因乃出在，命運（社會潮流）已然改變，他仍然執著於從前的方式而不尋求變通。

無庸贅言，命運並非恆常的走勢。而是隨著時代一再地轉變。我們必須讓自己的做法和

轉變的命運達成一致。辦得到者繁榮昌盛，辦不到的人衰弱退勢。這乃是命運嚴格的紀律……。」（君主論）

各位應該已經明白了，義大利思想家馬嘉貝里這段話所指的是，若要使自己永遠活在幸運之中，必須讓自己的生活方式、想法觀念與命運的潮流一致。

陳年老舖的日益衰微，幾乎可斷言是無法順應潮流所致。既稱爲老舖，表示過去曾經繁華一時，而當時的繁華景象成爲事業基礎才能營運到今天。

因此，老舖的經營者都帶有以下的觀念，討厭變更方針。

「我們的作法是延續祖父那一代而來。而且，曾經風光一世生意興隆。這是因爲我們的作法正確，因此，今後根本没有改變方針的念頭……。」

已往的作法也許是正確的，但是，永遠採取固定的作法，不一定能符合時代的要求。極有可能隨著命運的轉換，而被時代所淘汰。縱然是歷史悠久的老舖，顯而易見的是事業將走進衰退一途。

若要預防這個危機，以下列的方式做調整，應可以使你的老舖經營基層永久性地繁榮昌盛。

——隨著抽煙人口的增加，從事賣煙業，當社會興起禁煙運動時，則停止經營賣煙業——社會興起喝酒風潮時，經營酒行，而酒行的經營則隨著禁酒運動廢除——興起運動熱時，著手經營運動相關事業，隨著這個風潮的靜寂化而歇業——隨著投機風潮的興起，朝金融業進軍，當投機風潮退熱之後則隨之隱身而退，ｅｔｃ——。

如此一來，你的一生必和衰退無緣。

當然，這乃是極端的例子，一般人根本辦不到。不過，如果無法覺悟應具備順應潮流的柔軟性，很難使幸運女神隨時隨地把注意力朝向你。

從結論而言，經常享受幸運的人，可說是能改變自己，隨時代、狀況轉變的融通者。各位想想，到了夏天我們只穿短袖的襯衫，秋天時則更換長袖的毛衣，到了冬天，毛衣上還要加一件外套，我們不是隨著季節改變身上的服裝嗎？

因爲，唯有隨著季節的更替改變穿著，才能一年到頭過著舒適愉快的健康生活。如果有人在冬天仍然穿著夏天的清涼服裝，這個人必立即傷風感冒，甚至引發肺炎而喪失生命。同樣地，在掌握運勢這方面，改變自己以迎合狀況的作業是非常重要的，若不能付諸實踐，絕對無法自由自在地控制幸運女神。

●不要緊抓不放，把注意力朝向其他

由於自古而來是農耕民族使然，一般人通常對天生的土地帶有執著心，終其一生不願離開出生的土地。除非情況特殊，不，縱然有特殊的情況，仍然根深蒂固的眷戀出生的土地，無論如何必要「落葉歸根」。

當然，天生的土地乃是生活的基盤，有著與生活密不可分的因緣，自然會令人執著眷戀，但是，如果除此之外只因長年居住的習慣性，縱然該地對自己不利，仍然緊緊守候的人出人意外地多。假設，在A村住了一位A先生。

A先生是以栽種果樹爲生。這個村落氣候良好，因此，A先生每年都有不錯的收入。以這個時機而言，A村對A先生提供有利的資源，自然不造成任何問題。

但是，某年因天候異常，A村的氣候受到影響而變成不適合栽培果樹。當然，A先生的收入也逐年的減少。

〈有什麼關係，只是這一陣子而已……，總有一天會回復原來的好氣候……〉帶著這般想法而奮發努力的A先生。但是，A先生的期待落空，氣候一天天的惡化。結果，A村對A先生造成不利的影響。

就這樣經過數年後，某年再也無法栽種果樹。A先生落入動彈不得的窘迫狀態——。像這種情況，我想現實中也經常發生，如果，A先生當時找我商量，我必毫不猶豫的做以下的建議。

——那麼，二、三年後是否有重振昔日景象的希望？

〈……？……我不太清楚，若照這個情況看來，大概很難……〉

——那麼，除了果樹栽培之外，可以找到維生的方法嗎？

〈……不，這也很難。因爲，這個村子什麼也沒有……〉

——如此說來，只好離開A村尋求新天地了。

〈……不行啊！絕對不可以！〉

——喔，這又是爲什麼……？

〈不是爲什麼的問題，那地方乃是祖先代代相傳的土地……。而且，也沒有其他地方可去……。即使希望渺茫也無妨，希望能在A村生活下去……。有沒有什麼方法呢？……〉

——很可惜的是，並沒有其他的方法。以這個狀態而言，應該離開A村尋求其他出路，不要說沒地方可去，這個時代只要有像你這樣體力與實力，到任何地方都能工作。各地都缺人手，也許，不必栽種果樹更賺錢。總之，你應該離開A村。

〈不，不行。唯獨這一點我辦不到……！〉

●膽敢大遷徙而功成名就

像A先生這樣頑固的人，事實上非常多。因爲是不習慣的土地、祖先相傳的土地、親戚、朋友多的土地……。只因爲這些理由而不願意離開土生土長的土地。

我也是出生於農耕民族，深切地瞭解這樣的心情，但是，以這個情況而言，幸運女神早已從A村消聲匿跡，隨之而來的是疫病神霸佔獨居。疫病神可不好惹，除非有天大的神通，否則難以請他走路。搞不好還可能幾近永久地進駐在A村。

既然如此，縱然是住得舒服的地方，再怎麼奮發努力，頂多也是白費力氣吧。甚至還有餓死的最壞狀況。爲了避免落入這樣的窘境，斷然地捨棄故鄉朝新天地尋求才是善策。而且，也較爲合理。

總而言之，若要掌握運勢，絕不可冥頑不靈。

必須和構想、應對進退保持柔軟的融通性。

在商場買賣上也是同樣的道理。開始經商買賣時，一般人會向前述的A先生一樣，執著於故鄉、土生土長之地，而不向故鄉以外的新天地尋求發展。如果，天生所在之地適合正要從事的商業買賣，倒不會發生問題，若情況並不適合，應該立即尋找一處適合經商買賣的場所並遷離而去。

假設立志當一名砍柴的樵夫，住在都市裡根本一無是處。若要成爲一名成功的樵夫，必須前往深山尋找資源。

同樣地，立志成爲漁夫時，住在深山根本無用武之地，必須立即遷往海邊的城鎮居住。

若要掌握運勢
不可冥頑不靈
使構想、應對態度
保持柔軟的融通性

道理是相同的。

祈願自己的商業繁榮成功，應該找到一處適合買賣的場所，並遷往該處居住。

其實，就有人易地而處結果獲得成功。那是住在日本山形市，經營眼鏡行的E先生。

E先生本來出生於名古屋市，在名古屋的某眼鏡製造商工作。工作中體驗這個行業利潤之大，於是在某年和同伴三人決定獨創事業。但是，覬覦這個市場的業者非常多，而且，名古屋當地已是眼鏡行飽和的狀態。

因此，夥伴三人檢討的結果，認爲有開拓餘地的山形市是事業發展的好地方。於是，三人從名古屋攜家帶眷搬到山形市。

E先生的估計果然精確。移居山形市兩年之後，生意漸漸上軌道，到了第四年擁有五家店舖，十年後擁有十家店舖。

E先生抹殺自己的方便（盡可能在家鄉開業）膽敢大事遷徙，才能有此了不起的成就。如果E先生只顧慮自己的方便，也許會慘遭滑鐵盧吧。

不，像E先生這麼努力不懈的人，也許會想辦法使事業立足於家鄉，不過，盛況應不如山形市。我敢如此確信。

由此可見，隨時保持柔性的構想力，「讓自己配合命運」的行爲，不僅是生意買賣成功的必要條件，也是掌握運勢上非常重要的關鍵。

總而言之，失敗者都有冥頑不靈的缺失，也表現忽視命運、只貫徹自己想法、方便的傾向，即使情況不至於萬劫不復，但這樣的處事態度，成功的可能性微乎其微。

●猶太人成功率高居世界第一的秘密

在日常生活中或才能方面，我覺得我們有許多地方無法和西洋人相提並論。就以柔性這一點而言，我們實在不能與西洋人匹敵。

西洋人泰半是游牧民族，基於民族性而表現出天生的融通、柔性。因爲，游牧民族有如動物爲求食餌與水份而大移動，只要失去藉以爲生的食餌，不論喜好與否，必須輾轉各地尋求賴以爲生的食物。

他們絕對無法允許，像我們因顧慮是祖先相傳的土地，或經年累月的居住習慣，對當地的滿意而渴望一直待在同一個地方的習性。

由於生活的需要，西歐人經常隨狀況採取行動或變更對策，這種柔性是與生俱有的。最具代表的，應屬猶太民族吧。猶太人在距今二千多年前，滅亡於古羅馬帝國，隨後被驅逐國境，體驗了在世界各地流浪的悲慘生活。正因爲如此，移動、改變對他們而言反而是理所當然的，一點也不引以爲意。

所以，如果我們想要賺錢時，通常會以植物性（頑固）的構想著手創業。「這個地方（多半是家鄉）做什麼才能賺錢……？」而他們卻不一樣。

他們首先會訂定目標，然後再思考「若要使目標成功，應到那個地方去……！」想法極具柔軟性，是動物性的思考模式。如果找到適合的場所，毫不猶豫地遷徙而去。

因此，猶太人的成功機率，遠比其他優秀的歐美人高出甚多。

以下列舉猶太人的成功者，以做參考。

＊　馬克思……………思想家

＊　愛因斯坦…………科學家

＊　卓別林………………喜劇泰斗

＊　畢卡索、夏加爾（Chagall）、摩吉利亞尼…………畫家

＊考　科……………醫學家
＊狄斯雷利…………前英國首相
＊季辛吉……………前美國國務卿
＊羅斯福……………前美國總統
＊貝多芬、孟德爾松、賀羅畢茲、蕭邦……………音樂家
＊薩諾夫……………美國ＮＢＣ電視創立者
＊羅斯柴爾特………羅斯柴爾特財閥創始者
＊愛迪生……………發明王
＊亨利福特…………汽車大王

隨意寫來就有這麼多位聞名人士，幾乎不勝枚舉。

此外，諾貝爾得獎者中，也以猶太人高居壓倒性的多數。

附帶一提的是，一九八六年爲止的諾貝爾獎受獎者人數是五百五十八人，其中有一〇四人是猶太人，爲數之多只能以歎爲觀止形容。

他們之所以有如此偉大的成就，當然是努力、勤勉、執著、忍耐、積極等各種要素交互重疊的結果，不過，其中的要因之一是「他們具備超人一等的柔性」——這是絕不可忽視的事實。

●捨棄毫無希望的事物

總而言之，猶太人可稱爲是由柔性、融通性塑造而成的人。A不行就找B、B不行則找C、C不行則注意D……隨著狀況一再地變更構想、行爲模式，因此，絕不會有山窮水盡之虞。

譬如，假設有開創新事業的打算。而這個事業在剛開始頗爲順利，不過，出乎意外的是經過三年之後竟陷入進退維谷的狀態。

如果是日本的經營者碰到這種情況，縱然事業已無重振的希望，〈好不容易走到這個地步……〉或〈就此放棄，以往的努力不就化成泡影……〉思維走向往往被感情所控制，而多半拖拖拉拉的持續經營。

結果，反而遭受幾乎無法再重振士氣的大痛擊，若是猶太人，在這一方面則有不同的應對方式。面對問題時，他們非常嚴格且相當具有柔軟性。絕對沒有像日本人重視義理人情，所謂「感情用事」的舉止。

不論碰到任何狀況，他們都保持相當的冷靜。正視現實乃是他們信奉不移的信條，當業

績不振時，立即充分地檢討是否有起死回生的可能，如果明白已毫無希望，必以快刀斬亂麻的果決，斷然地割捨。

因此，他們會把風險壓到最小限度，絕不會遭受無法再度重振雄風的大損傷。以下舉一例說明。

日本曾經有一個時期，非常流行無擔保小額高利貸款。

掌握商機高人一等的猶太商人，紛紛把目標鎖定在日本，群起進入日本市場。

但是，事與願違，縱然他們標榜比日本融資公司更低的利息，但猶太系資本卻不獲大衆垂青，個個業績不振。有一說認爲，這乃是他們的市場調查不足，以及未能充分理解日本人習性而造成的敗因，不過，碰到如此尷尬的時期，他們也未曾對日本留戀。

一旦發現前途無望時，立即斷然割捨，迅速撤退日本市場。不僅把損害壓到最低限度，並以剩餘的能力刻不容緩地設定在另一個目標上。不過，他們如此迅速的抽身之法，令人望塵莫及，有關這一點，作家邱永漢也有同樣的見解。

「如果已然明白事情已無轉圜的餘地，必須鼓起勇氣撤退。誠如股票界的鐵則『斷然割捨、全身而退』在被社會遺棄之前，應主動放棄。再怎麼痛苦難捨，只要能做到這一點，則堪稱獨當一面的人了。」（『變化的世局中不變的鐵則』實業之日本社）

邱永漢所說的斷然割捨、全身而退（角色變化之迅速），這一點似乎對猶太人的成功有極大的貢獻。

●思考最短距離則無法找到好方法

現在，我想讓各位做一下頭腦體操。如果能夠立即回答以下的問題，表示你是思維極具柔性的人。

假設，你目前正在東京的羽田機場，打算搭飛機前往大阪。但是，因突發事故造成飛往大阪的班機停飛。但是，在大阪有一個非常重要的商談，如果五個鐘頭以內無法抵達大阪，恐怕商談會因此而破裂。那麼，你該怎麼辦？

首先可以想到的是改搭新幹線。但是，因飛機停飛，旅客紛紛改搭新幹線，假設沒有搭上的可能性。其次考慮的是走高速公路。不過，高速公路也因飛機停飛與新幹線的擁擠，造成路況大塞車。根本無法達到高速公路的機能（基於主題的設定，請當做這樣的狀況）。

最後可以考慮的手段是，訂小飛機或直昇機的專機。如果能利用這些手段，當然可以在時間內抵達大阪。但問題是必須支付一筆非常高額的費用。四十萬或五十萬日幣……。難道沒有不需花費如此巨款，且能在五個鐘頭以內抵達大阪的方法？

其實這是作家鎌田勝所提的例子，我從中稍做改寫而已，碰到這種情況，若是日本人通常會隨即舉手投降。

「可不是嗎？不論是空航、鐵道或馬路都行不通，根本無法在五個鐘頭以內抵達……。難道要游泳前往……」

眞的沒有辦法可想了嗎？其實有一個方法可行。

首先從東京搭飛機飛往與大阪相反方向的札幌。然後再從札幌飛往目的地的大阪。如此一來既不會花太多錢，也能充裕地在約定的時間內抵達目的地。您覺得如何？

思維理路受常識束縛的人，碰到這種狀況只會思考直達目的地的方法。先朝相反方向前去，再從該處飛往目的地——腦海裡根本沒有這種逆轉的構想。因此，多半找不到好方法而滯留難行。

當然，這只不過是一種遊戲，說不出答案也無關緊要，然而在實際的人生中——出乎意料地遭遇窘迫的狀態——這類事情卻屢見不鮮。

當您遇到這類狀況時，如果能有較具柔軟性的構想（不……、等一等……）讓你的思維理路翻轉一下，應可順利地找到解決問題的契機。

●變成水一般自由自在地順應變化

人生並不全是平坦的直線道路。有山有谷、有河有坡道，甚至還有曲曲折折的彎道，充滿著令人無法掌握的起伏變化。

因此，不論個人喜愛與否，必須具有柔性精神（構想）與之對應。柔性的水立即適應任何形狀的容器，但一旦結成冰，非但無法順應各式各樣的容器，若硬要使其調適，還會弄得破碎的結果。冥頑不靈的處事態度，只會使事態陷入動彈不得的狀態。

爲了避免陷入這樣的窘境，你必須培養如水般的柔性。讓自己適合社會的變化。其實，一點也不難。

「不要固定自己——應該自由而開化地認定，自己可以隨狀況做各種變化。同時，必須努力讓自己達到這個目標。」

各位不妨暫且實踐這一點。一旦做到這一點，一日二十四小時、一年三百六十五日，你必可從不間斷地接受幸運女神的祝福。希望各位務必在腦海內謹記這一點。

●第七章
幸運女神特別眷顧開朗的人

●日劇「男人眞命苦」的寅先生何以受人歡迎

我是「寅先生」的戲迷，經常觀看電影『男人眞命苦』。現在只能在電視的電影欣賞看到這部電影，不過，年輕時候每次上映，我一定趕往電影院觀賞。

爲什麼我那麼喜歡寅先生呢？其實我是欣賞寅先生的性格。如衆所知『男人眞命苦』的主角寅先生是個行走江湖的人。沒有固定職業，居無定所的遊戲人間者。

但是，這位寅先生卻深得周遭者的喜愛。

譬如，寅先生以行腳商的身份到全國各地行商。所以，三個月、四個月甚至半年到一年也不回到「寅家」。但是，不通訊息突然返回時，寅家人可是一番大騷動。每次寅先生這個外甥一回來，祖父、祖母及妹妹英子，都打從心底的歡迎他。一般四、五十歲的大人，平常居無定所也無特定的職業，因過年或中元節慶而返回時，從來沒有人會表示歡迎。非但如此總覺得：

「雖是親戚，賴著不走可受不了……」

一般會盡可能避免和這樣的人有所牽扯關係。

但是，寅先生的情況卻不一樣。

大家表示熱烈的歡迎。尤其是回家的當天晚上，全家人爲了慰勞寅先生旅途的勞累，會舉行全家團圓和樂的晚餐會。甚至爲了不知何時回家的寅先生，還空出二樓的一間房間，令人羨慕不已。「這只是電影中的劇情，現實可不一樣。現實是嚴苛的喔……！」

如果有人這麼說也無可厚非，不過，我卻認爲其中的情況並不相同。誠然，寅先生的故事是虛構的，也許實際上並不可能發生，但是，在浩瀚無比的世界上，一定有類似的例子。我非常確信。

姑且不論其中的眞僞，我們來想想，何以寅先生會受到周遭人如此寬厚的待遇？那是因寅先生是個樂天而開朗無比的人。同時，還帶有孩子般的純情。劇中的寅先生既無學歷、知識也沒有引以爲傲的才華。一般人會因此而帶著自卑感，至少個性上會變得消沉，但是，寅先生卻毫不在意。經常帶著一副開朗的笑容，且主動地向人搭訕。

「嘿，你好嗎！加油喔……！」

就是這種親和的態度很討好。他的開朗化成靈氣，深深吸引了人們。當然，粗野又想法唐突的寅先生，有時也會口吐潑辣之語觸怒對方，但是，即使是這樣的情況，對方也絕不會怨恨寅先生。通常會被寅先生獨特的性格吸引，口中喃喃地說：「眞服了寅先生……」縱然碰到倒霉也立即允許寅先生的捉弄。

總而言之，寅先生是令人無法憎惡的人。

●甘草人物佔便宜

相信你的周遭應該有一、兩位像寅先生如此快樂開朗的人吧。這種生性開朗的人，在社會上往往較佔便宜。

譬如，在公司犯了某些過失時，一般都會被上司嚴厲指責，但這種人不知何故鮮少被責罵。也許是由衷地表現誠心請益的態度，但天生的開朗態度、活潑搞笑的模樣，會使對方刹那間不知所措，原有的怒氣也隨之消失無蹤。

而且，這種人擅長聚群結黨。

誠如昆蟲受光線誘惑聚集前來一般，這種人的身邊隨時有被其開朗態度吸引而來的人。也許是和這樣的人交往覺得輕鬆、有趣吧。一般的人際往來，如缺乏幽默或協調性，通常難以持久。相信各位也有過經驗。拉著一張臉、個性消沉的人或一絲不苟缺乏融通性的認眞人、頑固人等等，和這些人相處會令人覺得疲憊不堪。因爲，不僅要顧慮對方的感受，最重要的是話題無法進展，而且毫無趣味，令人不自覺地感到厭惡。結果當然無法持久交往。

相反地，個性開朗的人，給人的感受和上述完全相反，朋友圈會一再地擴大蔓延。最後成爲有用資源的人脈，不論做任何事，必成爲一股大動力助你一臂之力。

●城南電機宮路社長的開朗風範

最近以廉售之王享譽商界的是，人緣沸騰的城南電機社長宮路年雄先生。他之所以能廣得人緣，無非是那絕頂的開朗與毅然決然的態度。宮路社長的開朗個性幾乎無與倫比。他那開朗、快活的模樣，使每個與他見面的人有如沐春風之感。甚至看電視的觀眾，也被他的魅力深深的吸引。

因此，他擁有廣大的支援者、贊助者。當年因販賣黑市米而被糧食局發佈停止販賣命令的事件——相信有不少人看過電視報導，但是，當時的全國國民幾乎都站在宮路社長這一邊。針對糧食局官員的命令：「立即停止販賣！你已經違法了！」宮路社長一點也不為所動，毅然地表示：「我辦不到。不論你怎麼說，我絕不會停止販賣！」一口駁回官員的命令。

某文化人士這時候評論說：「與其說是一口回絕命令，毋寧是宮路社長天生的魅力（開朗、逗趣）讓政府官員不知如何應對……」總而言之，這個事件之後，宮路社長的人緣水漲船高。雖然宮路社長觸犯法律（違反食管法）仍然廣得人緣，理由無非是宮路社長天生的開朗個性與對人的體貼之心，打動人們的心吧。

因為，宮路社長並非以營利為目的從事黑市米販賣，而是為了拯救生活困苦的人（無法購得日本米的人）不顧損失斷然從事黑市米買賣，這一點令大衆感動不已。當然，社會上也有指責宮路社長的行爲無非是爲了譁衆取寵，但我認爲這種批評有失公道。他的作爲確實是爲了拯救他人。

宮路社長之所以決定從事黑市米販賣，並非出自個人的構想，而是秋田縣大潟村的某戶人家，哀求社長：「能不能用城南電機的名義出售？」對於這個請求，宮路社長原本的態度極爲消極，因爲城南電機根本不出售白米。但是，一名聽聞此事的女職員說：

「社長，你在說什麼？現在社會普遍缺米，生活相當困苦啊！不要說是國產米，甚至連進口米也買不到……。人心惶惶地傳言，說不定以後只能吃麵包了。社長……」

據說有此原委，宮路社長才爲救衆人而決定從事黑市米販賣。據說當時因城南電機斷然決定販賣黑市米，使黑市米的行情價每五公斤降低一千日圓，全賴宮路社長的功績。總而言之，天生的開朗個性加上旺盛的義工精神，宮路社長處處受人歡迎，所以經營的行業無不大發利市。甚至最近也參與電視演出，成爲相當活躍的電視明星了。

●「明」是福神、「暗」是疫病神

你的個性如何呢？是屬於開朗的人？或者生性消沉的人呢？若是前者倒無問題，如果懷

疑自己是屬於後者的人，建議你從今天開始改變觀念，努力讓自己變成開朗的活潑人。

因爲，幸運女神最討厭性格消沉、悶悶不樂的人，相反地，非常喜愛活潑開朗的人。因此，如果渴望受到幸運女神的祝福，務必讓消沉的性格轉變爲開朗。

當然，我並不是慫恿你立即變成寅先生或宮路社長那般的滑稽人物。我之所以獎勵大家成爲個性開朗的人，其中的意義是這樣的。

①變成隨時把事物朝好處設想的人。

②經常面帶笑容，成爲以開朗、快活的態度與人應對的人。

因爲，若能做到上述這兩點，幸運女神對你的祝福，支援率必大大提升。

各位試想，如果你在街角突然與睽違二十年的學生時代的朋友相遇。二人緬懷過去的情誼，應該會邀約到附近的咖啡店敘舊一番。這時，假設那位朋友向你吐露苦水，你應該怎麼辦？

「啊，事實上現在正陷入難關……。隨著投機景氣的蕭條，原來服務的公司已經倒閉了……。雖然也積極尋找其他的工作，卻找不到適當的地方……。又要付家裡的貸款……。而且，兩個孩子同時上高中和大學，那邊的學費等等，又是一筆支出……。眞是不走運啊，在這個時候沒有工作……。

所以，現在到處籌措金錢。

咦？我的老婆嗎……？那個女人，現在住在娘家。大約三個月前，岳父因腦溢血病倒，現在成天躺在床上……。因此，每天到醫院裡當隨身看護。眞是，屋漏偏逢連夜雨……！啊，別提這種事了，倒是你，知道那些地方可以不必擔保借支五十萬元嗎……？如果能幫上忙，眞是感激不盡……。或者，你可不可以應急一下呢……」

雖然是朋友，碰到這種當面就啼啼哭哭到處訴苦的人，相信你一定感到不快，希望快快離開這個地方，絕對不會產生同情的念頭。即使退讓一步而有同情的念頭產生，倒也不會有伸手援助的意願吧。反之，只渴望儘早離開這個男人的身邊。並非你生性冷酷，這乃是一般人所具有的感情。

●令人渴望再與其相處的人

相反地，如果發生同樣的狀況，但朋友卻有坦蕩、開朗的表現時，你會怎麼辦？

「啊，我家目前確實處於困境……。不過，沒關係。景氣再怎麼不好，總不可能找不到工作，只要肯幹，咬緊牙捱過這個難關，相信一定會找到適合的工作。咦？你說我兩個孩子同時入學，金錢籌措上是否有困難嗎……？沒這回事。雖然這個重擔可不輕，不過，孩子們倒也能靠打工補助學費……大家同心協力，總有辦法的。

是啊，內人爲了照顧岳父，目前回到娘家，這陣子常不在家裡。是個孝順父母、顧家的好妻子。我覺得完全是她的功勞，我們父子可以平安無事捱到這個時候。總而言之，個性開朗絕不會到處訴苦，彷彿是我們家的太陽。只要她在家，全家即光明普照……。

倒是你啊，一副垂頭喪臉的樣子，是否有什麼煩惱的心事？有任何事不妨告訴我。說不定，我還能幫上忙……」

聽對方這麼說，你一定渴望伸出援手幫助對方。即使並沒有具體的援助，至少也想爲對方找工作吧。同時，對這位朋友會有另一番感受。

〈處境一定相當窘迫，但是，卻表現開朗、活潑的模樣，一點也不引以爲苦。眞是個爽

朗的人……！〉

而且，無意識中會有一個念頭：〈渴望和他再相處一會兒……〉至少，不會如前例希望儘早離開這個人的身邊。由此可見，自己對他人所表現的應對態度，也會影響對方對自己的印象及應對態度。

●絶不使用發牢騷者的荻本欽一

大約十多年前，朝日電視台的綜藝節目，有一個收視率非常好的節目，那是由荻本欽一主持的綜藝節目。荻本欽一是相當受歡迎的藝人，他所演出的節目，都獲得很高的收視率。有一次，在節目企劃會議中，小欽建議讓參加演出的三名女性唱歌。

於是，節目部開始甄選作詞家、作曲家。而被該節目錄用的作家，幾乎可稱得上是「福從天降」。

因爲，只要稍具程度，不論歌曲的好壞，該首曲子會因這個節目的龐大氣勢而成爲大暢銷曲。當時的小欽，毫不猶豫地指名『津輕海峽冬景色』等暢銷曲的作曲家三木高志。原因是，小欽認爲三木高志曾譜出數首暢銷曲，是聲勢浩大的作曲家。

小欽的判斷果然正確，以『目高兄弟』爲題而發行的這首曲子，果然成爲在零售市場上的暢銷曲。令人可喜、令人可喜。

歌曲暢銷之後自然沒有問題，但是，據說當時小欽的判斷——三木高志是氣勢龐大的作曲家——是錯誤的。因爲，當時的三木高志在『津輕海峽冬景色』之後，作曲狀況陷入低迷，作品已連續數年未被採用，正陷入困境中。而這一點是小欽在事後得知的事實。有關這一點，荻本欽一曾在月刊雜誌上如此陳述。

「我不使用發牢騷的人。因爲，那是敗給自己的命運，再也站不起來的人而因連續的歹運而洩氣的人也不行。一旦洩氣必會失敗。爲我們譜『目高兄弟』的作曲家三木高志先生，曾經有一首大爲暢銷的曲子是『津輕海峽冬景色』，但據說這幾年的作品不獲錄用，似乎相當窘迫。但是，這是我拜託他譜『目高……』的曲子，而在這首曲子暢銷之後得知的事實。如果，當時我知道三木先生正坐困愁城，我想我不會請求他作曲……。」

●佯裝開朗而成功的三木高志

荻本欽一所抱持的方針似乎是，絕不任用正傷腦筋的人、運勢不佳的人、慨嘆懷才不遇而發牢騷的人。原因似乎是坐困愁城的人，會因此而喪志氣餒，即使委任其工作也難以成功。但是，當時的小欽爲何會任用正感到苦惱的三木先生呢？

因爲，三木先生在外表上仍然喬裝是個「氣勢澎湃」「開朗」的作曲家。

喬裝的說詞略有語病，不過，三木先生縱然作曲事業陷入窮途末路，也絕不會愚笨到向人發牢騷、自怨自艾。非但如此，絕不把內在的隱憂表露在外，默默地朝前奮進，是個生性開朗的人。也許小欽正是因三木先生那直爽、開朗的態度所影響，而在選拔作曲家時隨意就指名三木先生吧。

此後的三木高志趁著『目高兄弟』的暢銷，與旭日升天的龐大氣勢縱橫日本歌謠界。如果當時的三木意志消沉而一再地發牢騷，不僅沒有這次的幸運，也絕不會有往後的幸運（因『目高兄弟』的暢銷，業界紛紛請求其作曲，結果一再地創造出佳作，穩固成爲一流作曲家的基礎地位）。

當然陷入苦境時，往往傾向於把內在的感情發洩在外，但是，這樣的作爲不僅無濟於事，恐怕因此而招來歹運。誠如前述的三木高志，縱然所處狀況不佳，也隨時表現開朗愉快的態度——這乃是獲得人緣的秘訣，甚至也是掌握幸運的契機。

●佯裝個性開朗的人，會確實成爲個性開朗的人

那麼，具體而言，該以什麼方法讓自己轉變成開朗的人呢？

我認爲，唯有實踐以下兩個方法。

〔1〕……憑意志力表現開朗的態度

〔2〕……對任何事物都抱持樂天的想法。

接著，一一來分析其中的涵義。

首先來談〔1〕的意志力。總而言之，這是提供給認定自己根本無法變成開朗的人。換言之，覺得人的性格並無法輕易更改者所使用的方法。我的朋友M先生曾經針對這個問題，提出這樣的看法。

「性格這種東西是無法輕易變更的。簡直難上加難。即使有辦法更改，其間的過程必須有一番刻骨銘心的掙扎。何必那麼委屈自己，只爲了讓自己變得開朗呢……」

這一點我不敢苟同。誠如M先生所指摘的，性格轉換的確不容易。但是並不如M先生所想像地那麼困難。絕不是他所說的「難上加難」（不可能）。正如多數的心理學家所提倡的，性格只要讓它成爲「習慣」，反而出人意外地輕易即可改變。正因爲如此，我建議大家憑著意志力喬裝自己是個個性開朗的人。

心理學家有一個暗示這個道理的實驗。

這是金巴爾特心理學家所做的實驗。首先，以一天十五塊美金的報酬，向大衆召幕希望體驗做牢的人。從應徵中挑選十八人，讓其中九人當做犯人，其餘九人當做看守的獄卒。爲了製造氣氛，讓他們穿上囚人服、警察制服，並要求扮演囚人者要有囚人的樣子，看守的獄卒要像個看守員。具體的程序是，擔任看守員的獄卒，把扮演囚人的人從家裡帶到調查室，取得指紋並記錄口供。

據說令人驚訝的是，持續這個實驗二、三天之後，實驗者們的一舉一動有如眞正的囚人（看守員），已超過他們的演技。擔任獄卒者甚至對扮演囚人者有粗暴的舉止，有時還給予體罰。據說看守的獄卒做一些不合情理的言行舉止時，囚犯們竟全面地表示服從。有關金巴爾特的「模擬監獄實驗」，立正大學教授齋藤勇做以下的評論。

「大家都非常瞭解這是一種實驗。但是，經過二、三天後，囚犯及看守員已完全地扮演自身的角色。扮演囚犯者像是眞的囚犯，而扮演看守的獄卒也表現獄卒的模樣。這已不再是一種演技，而是透過實際體驗表現所扮演角色的行動。（中略）

這個實驗明顯地告訴我們，社會狀況或功能對我們的行動及心理會造成極大的影響。……」（『人際關係的分解圖』齋藤勇著、誠信書房）

簡單地說，這個實驗的意義是這樣的。

——剛開始雖然完全沒有那個念頭，但憑意志力持續做○○的模樣時，這個模樣會慢慢變成眞的——。

事實上，我曾在某雜誌上看過扮演殘酷殺人犯角色的演員，有感而發的說：「由於印象過於強烈，拍攝完後仍然無法完全脫卻角色的形象，大傷腦筋……」從這些例子也可瞭解，性格是可以藉由喬裝而改變大半部份。

因此，如果你想讓原本消沉的性格轉爲開朗，只要利用「喬裝法則」憑意志力刻意表現爽朗的態度。具體的扮演方式，我認爲必須注意以下四點。

＊用充滿著朝氣而開朗的方式與人打招呼。

＊經常面帶笑容。

＊碰到他人有事相詢時，盡可能親切地回答。

＊不要害怕與人相處，輕鬆自在的與任何人交談。

憑意志力做到以上四點時，不久你將順理成章地變成性格開朗的人。

●幸福的秘訣是經常注意事物好的一面

不過，平常也許有可能達成上述四個喬裝的要領，但是，一旦遭遇令人不快的事情時，一切的僞裝剎那間將化於無形。人到底是感情的動物，會立即變得消沉而悶悶不樂。這時所必要的是「以樂天的想法看待任何事物」。

因爲，對於不好的事情直接了當的以「不幸的事情」來承受，自然個性會變得消沉，如果把這些不好的事情，當做是「對自己有益的好事情」自然會覺得愉快，性格也會變得開朗。若能讓自己的想法觀念有此改變，你必可更輕易地表現開朗的舉止。

假設，你是個上班族，某天接獲上級命令要把你從東京總公司調到東北地區的小都市服勤。如果直接承受這道命令——從大都會轉職到鄉下＝不好的事情——必會承受極大的打擊，因此變得消沉。所以，我認爲應該抱持樂觀的想法，把事物朝好處解釋。

〈……據說東北地方的人多半心地善良、親切。很好……〉

〈……以後每逢休假日，可以享受最喜歡的休閒運動——滑雪……〉

〈……可以體驗在東京無法嘗試的雪中生活。這是難能可貴的經驗……〉

若有這樣的想法（剛開始也許難以想像，但儘量憑意志力讓自己的想法改變）自然對新任地有所期待，心情也變得開朗。即使仍然無法變得開朗，至少不會感到消沉。

社會眞奇妙，常有以爲美好的事情結果出人意外，反之，認定是不好的事情卻變成意外的幸運。所以，千萬不要只因表面的現象而動搖你的情緒。

英國的劇作家巴納德・修也曾說：

「如果幸福有秘訣，乃是忽視事物壞的一面，只看好的一面……！」

從克服逆境、掌握成功的立場而言，也誠心地希望各位能帶著樂天的想法，儘量表現開朗的態度。

●第八章

朝更大的勝利努力

●堅持主張直到最後

假設，你根據在此之前我所敘述的要領而付諸實踐，結果難能可貴地成爲成功者。這時你的腦海裡，也許會有這樣的念頭——〈以往的辛苦終於獲得代價，總算我也擁有成功了。從此之後大可放心。從現在開始不必那麼汲汲營營地爭取了……〉。

這樣的想法千萬使不得。

因爲，幸運女神是陰晴不定、任性自爲的人，而且，天生具有調皮搗蛋的習性。雖然，幸運女神因爲你以往的積極追求，對你展露微笑，但你若爲此而自得意滿，全面委任女神帶領，女神反而會鬧起彆扭，「哼，不要因爲對你溫柔一點，就自以爲了不起！」隨之離你而去。

如此一來，原本被女神高高捧在天上的你，冷不防地被抽身而退，結果何其淒慘地被重重摔落在地。這正是現實中所說的「疏忽爲大敵」——（過於樂觀會招致歹運）車禍大概是最好的例子吧。

開車駕駛的朋友當中，出人意外的是初學者反而不會發生事故。

根據某項資料顯示，取得駕駛執照的三年後，發生車禍的機率最高。原因是初學開車時，因技術不佳而專注地顧慮交通狀況，以安全爲第一，但當駕駛技術到達某個程度之後，往往對自己產生過度信心，注意力因而變得散漫，而且，膽敢冒危險闖蕩馬路。

不僅是交通事故，在整體的人生上也是同樣的道理。總而言之，每個人做任何事時，在達到頂端之前往往謹愼小心，奮發努力，但一旦到達頂端之後，聚精會神的意志刹那鬆弛，而不再積極努力，如此一來，極有可能像前述的情況被女神遺棄，立即由高聳的天頂跌入谷底。

若要避免事後的悔恨，重要的是獲得成功之後，仍然不可放鬆意志、精益求精地努力奮進。

●在尚無法覺悟落敗之前，絶不可想像勝利

美國命運研究家馬克斯・坎沙提出「悲觀論的養成」做爲避免歹運的方法。

他在從事命運研究之前，認爲所謂的幸運人，全是對事物抱以樂觀想法的人。但是，據說隨著研究的進行，反而發現以往所謂的幸運人，一般而言是具有強烈而嚴峻的悲觀論者。我們就來聽聽他的看法。

「一般人認爲多數的幸運人，都是充滿著喜悅、滿足感與充實感，這個想法是正確的。

他們臉上永遠帶著微笑。和他們相處令人覺得愉快。但是，如果因此而稱他們為樂觀主義者，則是用詞上的錯誤。所謂樂觀主義者，是設想最佳的結果，但是，幸運者的心態卻不相同。他們的大多數都養成堅固而嚴峻的悲觀論，做為最基本的心理核心。是的，他們這個心態確實是培養而成的。（中略）

起初這種現象難以獲得理解。它似乎是一種逆向的論說。所謂幸運，不正是樂觀地看待事物嗎？拉斯維加斯的賭徒們說：『在能夠覺悟落敗之前，千萬不能思考勝利』而保羅・歌德也說：『開始經營事業時，首先應考慮如果經營不順時該如何應對。』而在商品交易上獲得大成功的女投機家也說：『在四件交易中，隨時考慮有三件蒙受損失。即使四件全數失敗也不足為奇。』我對這些人所說的話感到困惑不已，甚至聽到傑拉爾特・羅葉伯發人省思的慎重之言而感到吃驚。他斷然地咬定：『在股票市場上，樂觀論只會身敗名裂。』」（『運，其分歧點』馬克斯・凱薩著、大須賀達雄譯）

你也感到驚訝吧。事實上就連我也曾經認為，所謂的幸運者大概都是具有樂觀想法的人。結果事實並不然。根據我自身的調查，發現避開歹運而掌握幸運的人，仍以悲觀論者具壓倒性多數。

不過，這裏所謂的悲觀論，並不只是以否定性、厭世性（消沉）的態度看待事物的意思。——率先掌握將來可能發生的歹運，從事消除負面障礙作用以避免其具體化——換言之，這裡所謂的悲觀論是帶有「以防後患」的正面意義。

他們（幸運者）在此悲觀論下，還融和有「絕對沒問題！」的樂觀論，有時勇猛果敢地積極前進，有時則抱持悲觀論，慎重地運作事物。

●隨時預防萬一

距今十年多前的一九八五年八月十三日，在日本的群馬縣上野村御巢鷹山的山內，由羽田機場出發的「波音七四七SR型日航客機」墜機，造成死亡人數高達五百二十名，航空史上空前的大浩劫。以這個事故而言，或許也能因悲觀論的培養而避免。

因爲，翌年（一九八六年）的十月二十六日，在四國上空由曼谷出發前往大阪的泰航六〇二班機、空中巴士A三〇〇機，因加壓急速減低，發生被迫緊急降落大阪機場的事故。根據隨後日本運輸省航空事故調查委員會的調查，發現這個事故和去年日航七四七SR機同樣地，都是因壓力隔板破裂造成事故。

換言之，空中巴士A三〇〇機和波音七四七SR機的事故，其原因與型態完全相同。因此，如果稍有差誤，泰航的空中巴士A三〇〇機也許會發生與日航客機相同的命運。但是，泰航空中巴士雖然壓力隔板破裂，仍然成功地降落大阪機場，所幸無人傷亡。

到底其間的不同出在什麼地方？難道是因駕駛員的操作技術？或者是飛機本身的性能所致？

如果是一般的情況，這兩種情形可能多少有些關連，不過，這次的事故卻與它們毫無相關。因爲，其間的差異乃操縱於兩家航空公司（製造商）悲觀論的有無。

因爲，空中巴士公司在設計A三〇〇機時，早已想定可能發生的最壞狀況，萬一壓力隔板因某些原因遭受破壞時，爲了避免與駕駛直接相關的油壓系統全數破壞，把三個油壓系統分別設置在不同的地方。

這個設計果然奏效，雖然泰航A三〇〇機因壓力隔板破裂，造成兩處油壓系統破壞，所幸在設計上殘存一處的油壓系統，駕駛員就是利用唯一活存的油壓系統，拼命讓機身的姿勢回復正常方向，總算平安無事地緊急降落於大阪機場。

相反地，波音公司的設計卻是——

「做爲壓力隔板使用的材質，不僅使用極爲堅固的質料，並做成雙重、三重的構造，絕對不可造成破裂。」抱持的是如持樂觀的想法，而不分別設置四個油壓系統（波音公司七四七SR型客機上有四個油壓系統）結果把四個油壓系統全部設置在同一個位置。

結果，當壓力隔牆破裂造成四個油壓系統全數破壞時，日航客機已陷入無法駕駛的狀態，何其不幸地衝撞到御巢鷹山的山中，造成五百二十名死者的大慘劇。

當然，這只是一種假設，即使日航客機的油壓系統分別裝置在各處，也不能保證百分之百不會發生那件事故。這乃是我個人的推論，我想說的只是，平日培養悲觀論或許多少可以預防災害的發生。請各位千萬不要誤會。

●劃分生死明暗

一九九三年五月，在日本山形縣的月山，發生一起新潟大學四名學生山難的悲痛事故。這個事故乃是（若持有悲觀論或許可以得救）的最佳例子。首先，請閱讀「讀賣新聞」所刊載的下列記事。

月山是以修練者的修行場聞名的出羽三山的主峰，每年的登山、滑雪旅客高達二十五萬人。它是著名的深雪地帶，據說冬季積雪時，最高超越十公尺，冬季不可能登山。因此，位於標高約一千五百公尺附近的山野滑雪場，每年四月一日開始營業，目前積雪約七公尺。

新潟大學山野徒步社的五名社員，二月早晨計劃從初、中級滑雪課使用的山野滑雪場，登到標高三、四百公尺的山頂附近，從該處做高難度的春山滑雪。扛著滑雪用具從滑雪場出發，再從山頂附近沿著屋頂滑下緩斜面。（中略）

獲救的野村針對縣警的調查，回憶說：「我們原來預定中午之前爬到山頂，下午再滑雪下山。早上雖然天氣陰霾，但沒有下雪，因此，我們覺得輕便裝備已經足夠。」根據山野徒步社的社員所言，參加此次登山滑雪的五人雖然有每月兩次徒步山野的經驗，卻毫無在冬季爬山的經驗，而且，滑雪技術尚處於初學者的程度。

四人的裝備只有毛衣、毛料褲及薄手套，一副山野滑雪的裝扮。腳上穿著難以步行的滑雪靴，只有攜帶少量的餅乾做爲食料，並沒有任何預防緊急事態發生的準備——。（一九九三年五月四日）

各位覺得如何，令人驚訝的是他們不僅沒有攀爬冬山的經驗，滑雪也尚屬初學者的階段。當時他們早已犯下兩個過失。

「對於春山天候易變的認識不足……。如果瞭解變化無常的春山天候而做輕裝打扮，簡直是有勇無謀……！」

「月山的特徵的是，一旦起霧後即看不清楚周遭的景象。下雨時，應該有折返的勇氣。看昨日（二號）的天氣預報，應該明白全國普遍有降雨的可能……」

誠如當地住民所言，月山比外觀所見更爲危險。錯誤的原因之一是對月山的認識不足。其二是他們並沒有多大的登山本領，卻跳過初學者使用的山野滑雪場，爬到山頂附近計劃做高難度的滑雪。

一般遭遇山難而死的人，多半是這類初學者又缺乏知識的人，結果因有勇無謀而導致最壞的結果。新潟大學的學生舉行宴會時，如果其中有人持悲觀論，提出這樣的意見。

「……春山的確較容易攀爬，應該没問題……，但是，也許應該防備萬一，準備一些簡單的帳篷用具或保存食，而且，預防天候變冷，也應該攜帶冬天穿的毛衣或較厚的手套……」

至少有一個人提出這樣的意見，應該可以百分之百迴避這次的事故。因爲，來自茨城縣由三人組成的登山滑雪團，雖然也在同一天、同一個場所以同樣的模式遭遇山難，卻平安無事生還。姑且不知他們是否是經驗老道的山友，但是，他們雖然計劃到春山滑雪，卻一點也不敢掉以輕心。

他們是基於「在山上不知何時會發生什麼狀況！」的強烈悲觀論之下，計劃而結成登山隊伍。所以，他們設想最壞的事態（大風雪、霧＝視野斷絕、寒冷……）不僅帶有帳篷及保存食，甚至準備登山用的厚毛衣、冬天用的手套，在這些重裝備之外，還攜帶登山鞋及挖雪鏟子，然後爬上月山。

這些周全的準備終於奏效，雖然茨城縣的登山隊也同樣遭遇山難，卻平安無事地返回家鄉。

登山專家對這次的事故所做的評論是：「有無裝備決定生死的明暗！」由此可見，「若有萬一」的悲觀論有時會發揮絕大的力量，保護你的生命避免從天而降的歹運。

不錯，甚至能夠保命。

●信長、秀吉的失敗

不叫，就殺了，不如歸鳥
不叫，就讓牠叫，不如歸鳥
不叫，就等牠叫，不如歸鳥

這三句俳句明顯地隱喻統一天下的戰國三大武將織田信長、豐臣秀吉、德川家康的性格差異。誠如這首俳句所暗示的，三人各不相同的性格譜出明暗互異的命運。

第一句的「不叫，就殺了，不如歸鳥」是引喻信長的性格。從這句俳句也可瞭解，信長是世間少有、生性殘酷又具破壞性的人。因此，晚年因此性格招來禍害，使自己落入窮途末路。信長爲了一統天下，秋風掃落葉式的一一擊垮武田信玄、足利義昭等反織田的大勢力，並且，最後還大肆虐殺以當時農民爲中心，遍佈北陸一帶的巨大新興宗教「一向宗」的信者四萬人。

而且，信長甚至攻擊連殘酷著名的武田信玄唯恐招來佛罰而避開的比叡山，燒毀比叡山所有寺廟，在當時人人信奉「殺和尚罪罰七代」的時代，膽敢將比叡山、石山本願寺等僧侶

數千人全數殺害。

非但如此，信長殘虐的本性，竟然毫不留情地把箭頭指向同伴之間。

生性極度猜疑的信長，一旦發現部屬有所詭異的行止，絕不放過必追究到底，予以殺害防身。因此，部屬們極度畏懼信長，隨時心驚膽跳地擔憂：「說不定，那一天禍害就要臨頭……？」

尤其是出自名門、具有秀才資質的明智光秀，據說也許是因某次在衆人前被信長辱罵，卸去重要任務，因而無法忍受信長那粗野、凶暴的性格，不但對其小心戒防，且打從心底怨恨信長。

有關這件事，歷史學家各有不同的見解，尚無法眞確地瞭解其中的眞僞。不過，信長那粗野殘暴且對人毫無體恤之心的破壞型性格，毫無疑問地是促成「敵人就在本願寺」，讓明智光秀倒戈謀反的原因。

相對地，秀吉的性格較爲溫厚僕實。

誠如「不叫，就讓牠叫，不如歸鳥」俳句所示，秀吉絕不像信長的性格那麼急躁粗暴，絕不會碰到不叫的不如歸鳥就給予殺害。

他是以道義、合理、技巧的手法待人處事。因此，當他掌握天下之後，從無讓部屬們對其不滿而有決定性的陰謀造反。

但是，性格冷靜的秀吉到了晚年，卻暴露其天生惡劣的本性（出生於尾張的農民，無學、無知、無教育）變成法西斯的獨裁者，終於在朝鮮之役慘遭重大敗北。

●悲觀論者家康的成功

但是，唯獨家康與前二者不同。

他雖然有點頑固、缺乏融通性——不叫，等到牠叫，不如歸鳥——誠如這句俳句所示，具有超強的耐力與慎重的性格。

而且，也許是以信長、秀吉二人爲教訓，家康全數捨棄他們的不良部份，吸取良好的部份成爲自己的特長。尤其是在決定天下大事的關原合戰，他巧妙運用此二人開發的戰略戰術，大獲勝利成爲一統天下。

織田家、豐田家合計只有二十數年的歷史，但德川家卻傳承三百多年，連綿不斷。其間的差別到底在那裡？

難道家康的才能、實力遠勝於他們二人嗎？

不，事實不然，他生性保守，才能、實力應比他們二人略遜一籌。那麼，平庸的凡人何以能成爲一統天下的君主，並建立德川家三百年的基礎呢？總歸一句話，完全在於他那堅忍不拔的耐力，且是世間少見的悲觀論養成者。

正如前面的說明，他六歲時已成爲織田家的人質拘留在尾張。此後從八歲到二十歲的十二年，又成爲金川家的人質，被扣留在駿府。家康從幼年期到青年期，前後十四年間一直是被束縛在他國的人質，過著不見天日的辛酸歲月。

如此崎嶇坎坷的命運，當然對他的性格形成有極大的影響。因此，到了晚年他已成爲悲觀論者，即使忍耐再忍耐之後終於擁有天下，絕不像信長自以爲高枕無憂而掉以輕心（信長被暗殺時，據說身遭只有五十名上下的士兵，而且正招待客人舉行茶會）。還徹底地做好預防設施，建立完整的政治體制，絕對避免部屬陰謀造反。

這就是所謂的「轉封」「參勤交代」。

換言之，家康把大名（諸侯）配屬在關東各地，以其家人爲人質，或故意讓大名參與江戶城改修工程等公共事業，揑造各種強人所難的問題，從根剝奪各大名的經濟能力，建立無人可反抗家康天下的體系。家康到底訂定何種政策做爲預防反叛的措施呢？具體而言有以下數點。

・關原合戰後，撤除數十位大名，没收四百萬石。
・在江戶陸續建造各大名官邸，並於某個期間把各大名拘留於江戶。
・大名從江戶返鄉時，以其妻子爲人質拘留於江戶。
・命令各大名從遙遠家鄉攜帶衆多家臣到江戶輪番參勤，使其耗費龐大支出。
・進行江戶城、伏見城等大規模的重建工程，讓各大名負擔費用。
・事前讓御用商人買斷建築材料，再以更高價格賣給大名。（藉此使各大名陷入更大的經濟困境）
・故意訂定違背常情的規律，毫不容情地撤銷爲此反抗的大名。
・大阪之陣結束而國內完全平定後，武士們失去職務充斥於各鄉鎮市區內。並以唯恐數十萬名武士做奸犯科爲由，全數逮捕並給予處刑。（因此維護了國內治安）

●不可過度倚賴幸運女神

家康基於悲觀論點，把所有可能想到的未來不利狀況一一列出，以亡羊補牢的預防措施，架構了德川三百年的的基礎。

雖然，作爲不見得光明磊落，但是，在下剋上的時代若沒有此番果敢的措施，德川家也許會走向與信長、秀吉同樣的短命之運。

不過，他的預防錯失做的可眞徹底。因爲，家康不倚賴命運，憑自力建立使大名絕對無法反抗的體系，這一點實在驚人。

「絕對不會做出背叛天下的事來。請陛下放心……」

一般人對於大名的誓約，即使不會照單全收，至少也會相信一半吧。一旦相信自然意識內的樂觀論調隨之抬頭，而將悲觀論調驅逐到角落，絕不會有亡羊補牢的預防措施。

如果全面性地倚賴幸運女神的帶領（她可是個搗蛋鬼，過度信賴時，必會被扯後腿）。恐怕有朝一日被人趁虛而入奪去項上人頭也未可知。

爲了預防萬一，應該向家康一樣養成悲觀論的想法，以備萬一。

●不因暫時的繁榮而驕傲，尋找下一個目標點

「猶太人從不思考永遠持續某項事業。所以，當目前所經營的事業營利時，即思考接著可能獲利的事業並研擬對策。」

這是被比喻爲銀座猶太商人的藤田田先生所說的話。事實確是如此，除了猶太人之外，

最近的日本人也陸續出現如此想法的人。他們是所謂的「大經營者」「大事業家」。

諸如松下幸之助、本田宗一郎、鳥井信治郎、小林一三。

他們不僅在草創期，即使進入安定期之後，絕不會因一時的繁榮而驕傲，隨時摸索下一個全力衝刺的目標。

以桑多利的鳥井信治郎爲例，雖然赤玉甜葡萄酒發賣暢銷坐收漁利，仍然不因此而自傲，隨即著手威士忌事業。

事實上赤玉甜葡萄酒在當時是大爲暢銷的商品，據說只要好好守住這個商品，「壽屋」（桑多利的前身）的事業永保安泰。壽屋的高層職員們也都信守不疑。但是，唯獨鳥井有不同的意見。

〈再怎麼暢銷的商品，不可能永遠是商場上的長青樹。總有一天走下坡。若要使公司立於不敗的基礎，必須創造另一個更暢銷的商品……！〉

就是憑著悲觀論的思考模式，不顧各主管人士的強烈反對，將營運的觸角伸向威士忌事業。結果，鳥井式的英名決斷一舉奏效，桑多利此後事業鴻圖大展，直到今日仍然昌盛繁榮。

除此之外，松下氏、小林氏、本田氏也是一樣。

所謂的大經營者，即使公司的經營狀況已穩若盤石，絕不爲此自鳴得意而鬆懈努力。相

反地，一再地研擬新企劃、購想新點子，不停地出陳推新（或改良舊商品），除了防止公司經營朝向斜陽化，且對公司的發展有極大貢獻。正因爲秉持積極向前的努力，這些大事業才能永遠雄霸於實業界。

●太陽工業、連勝的秘密

太陽工業的總裁能村龍太郎也是個了不起的人物。太陽工業是製造帳篷（正式而言是膜面構造物）的公司。資本金三億日圓，目前是高居日本帳篷業界的翹楚地位。

東京巨蛋（BigEgg）完成時，要輸入空氣使天幕鼓脹而變成巨蛋的外型。這個工程是由太陽工業一手完成，由此可見這家公司驚人的企業力。

像如此盛況的太陽工業，在草創期仍然經歷無數無法以筆墨形容的難關。日韓戰爭時，日本的帳篷（

天幕）業界是因韓戰特別需要而如雨後春筍般地建立市場。但是，隨著韓戰的終結，難得的好景氣也隨之消失，突然走向衰退的命運。倒閉的公司比比皆是，最爲顯著的是靠政府訂單經營的公司。

但是，顧慮惹上貪污的麻煩，從不承包官方訂單的太陽工業，發揮民需產業的本領，反而在不景氣的大環境下業績蒸蒸日上。

事實上，在此時期太陽工業獲得當時大爲暢銷的『DAIHATSU・MIDGET』的布帆工作，使得蒸蒸日上的事業向前大躍進。據說業績最高時，布帆的工程竟高達太陽工業所有營業額的七成。一般到達此境界，多數的經營者會因此而鬆懈積極衝刺的幹勁。

〈以往的辛苦終於回報。太好了太好了……〉

但是，具有卓越經營才華的能村氏，做法異於常人。絕不沉溺於一時的繁榮。非但如此，在如日中天的上升期，抱持以下的悲觀論，絕不鬆一口氣。

●思考下步棋的構想

「我以兩事做爲經營的指南針。一是，當一件工作所佔的比率太大時，乃危險訊號。同理，一件工作陷入安定狀也是危險的。因爲，安定即表示將近尾聲。因此，當DAIHATSU

・MIDGET的布帆業績高達整體的七成時，我的指南針以最大的音量發出危險信號。」（『異色，創業者的構想』田原總一郎著・PHP研究所）

因此，能村總裁立即派遣弟弟博正到歐美考察，尋找下一個經營的目標。果然不出所料，在歐美布帆的時代早已結束，取而代之的是箱型車的時代來臨。日本不久將進入箱型車的時代！腦中閃現這個直覺的能村總裁，立即進行研究，並與DAIHATSU（大發）洽談。

令人驚訝的是，據說大發早已掌握情報，正考慮把帆布車篷改成箱型車。能村氏焦急不已。拼命地思考該怎麼辦。

「我想到箱型車的內裝。箱型車也必須有內裝。我覺得這就是目標。但是，如果磨磨蹭蹭舉棋不定，必會被其他公司拔得頭籌。制敵機先、先下手必勝。我立即派遣內裝職員到美國、歐洲從事研究，另一方面開始和大發公司進行協商。」（『異色，創業者的構想』）

結果，太陽工業成功地獲得大發的內裝工程，而更可幸的是，與大發之間的連袂事業，持續至今。

太陽工業以此轉機使經營更爲發展，如果說太陽工業之有今天的成就，乃是得力於能村總裁強固的悲觀論，一點也不爲過。

因爲，如果當時能村總裁醉心於一時的發展，思考模式朝樂觀論一邊倒，而不做任何的預備措施，當大發將敞篷車更換爲箱型車時，太陽工業也許因此而失去工作，甚至倒閉。從這個角度而言，能村總裁思考下一步棋的構想，可說是拯救太陽工業危機且促成其發展的重要工程。

由此可見，悲觀論是商場上不可或缺的要素，是否適當地運用，關係著企業（個人）日後發展的明暗面。

●摘除負面疑念，踏向成功之道

各位覺得如何？行文至此，我想各位應已充分瞭解悲觀論的重要性。最後，爲避免誤解，針對悲觀論再做更詳盡的說明。

字典上對「悲觀」的解釋是——①事物不能順遂己意，失去希望與期待而氣餒。②認爲世界上只有痛苦與不幸，感到絕望——當然，我所謂的悲觀論並不是這類負面意義。

誠如前述，人生是變化無常的。尤其是幸福、和平這類現象尤爲顯著。如果因目前處於幸福中而沾沾自喜，恐怕隨即有扯你後腿的不幸事件發生。

好事不常，似乎是這個世界恆常不變的眞理。

但是，我們卻不可因此而認命。

相反地，必須努力讓幸福、和平永遠在自己周遭。而且，我們有這樣的權利。站在這樣的視點思考事物時，自然會產生「事有萬一，到時該怎麼辦」這類「悲觀的構想（論）」。我就是基於這個正面意義而使用悲觀論。絕不是字典上所解釋的負面涵義。

其實，所謂的悲觀論乃是瞭解它具有正面（慎重）與負面（極度的操勞性）兩種意義。重要的是絕對不可走入極端。一旦走向極端，難得養成的悲觀論也僅止變成悲觀（絕望）事態的思考模式，對當事者反而會造成弊害。

各位是否曉得中國有一則「杞憂」的故事。

——從前杞國之人恐天將崩塌而不寢不食。杞國有畏懼天地崩墜，無寄生之所而廢寢忘食者——列子、天瑞。

在我們的周遭，也常見這類操勞性的人。

當然，世上該無擔憂天空墜地之人吧，不過，只因胃部不適而有嘔吐感則懷疑〈難道患有胃癌……？〉或因公司老闆擺出不好的臉色，就擔憂〈也許會被炒魷魚……？難道公司會倒閉……？〉甚至妻子（丈夫）穿著稍微華麗，就認定〈對方可能有外遇……？〉這類庸人自擾者何其意外地多。

這種現象和我所謂的悲觀論，本質上是完全不同的。

這種操勞只會加深內在的不安，最後落得神經衰弱。這個結果還不要緊，恐怕會因物以類聚、誘發引導兩法則，甚至讓自己發生危懼的事態。為了避免演變如此淒慘的狀況，現在就應立即去除這類極端的悲觀論。

我已反覆再三地說明，所謂的悲觀論乃是爲了消除將來可能發生的不幸，所做的「去除負面（嫩芽）的作業（摘除）」。希望各位不要有所誤解。

同時，希望大家能正確地引用悲觀論，使其反映在人身上。

大展出版社有限公司	圖書目錄
地址：台北市北投區11204 致遠一路二段12巷1號 郵撥： 0166955～1	電話：(02) 8236031 8236033 傳真：(02) 8272069

•法律專欄連載• 電腦編號 58

台大法學院 法律學系／策劃
法律服務社／編著

①別讓您的權利睡著了1	200元
②別讓您的權利睡著了2	200元

•秘傳占卜系列• 電腦編號 14

①手相術	淺野八郎著	150元
②人相術	淺野八郎著	150元
③西洋占星術	淺野八郎著	150元
④中國神奇占卜	淺野八郎著	150元
⑤夢判斷	淺野八郎著	150元
⑥前世、來世占卜	淺野八郎著	150元
⑦法國式血型學	淺野八郎著	150元
⑧靈感、符咒學	淺野八郎著	150元
⑨紙牌占卜學	淺野八郎著	150元
⑩ＥＳＰ超能力占卜	淺野八郎著	150元
⑪猶太數的秘術	淺野八郎著	150元
⑫新心理測驗	淺野八郎著	160元

•趣味心理講座• 電腦編號 15

①性格測驗１	探索男與女	淺野八郎著	140元
②性格測驗２	透視人心奧秘	淺野八郎著	140元
③性格測驗３	發現陌生的自己	淺野八郎著	140元
④性格測驗４	發現你的真面目	淺野八郎著	140元
⑤性格測驗５	讓你們吃驚	淺野八郎著	140元
⑥性格測驗６	洞穿心理盲點	淺野八郎著	140元
⑦性格測驗７	探索對方心理	淺野八郎著	140元
⑧性格測驗８	由吃認識自己	淺野八郎著	140元
⑨性格測驗９	戀愛知多少	淺野八郎著	140元

⑩性格測驗10	由裝扮瞭解人心	淺野八郎著	140元
⑪性格測驗11	敲開內心玄機	淺野八郎著	140元
⑫性格測驗12	透視你的未來	淺野八郎著	140元
⑬血型與你的一生		淺野八郎著	160元
⑭趣味推理遊戲		淺野八郎著	160元
⑮行爲語言解析		淺野八郎著	160元

・婦 幼 天 地・電腦編號 16

①八萬人減肥成果	黃靜香譯	180元
②三分鐘減肥體操	楊鴻儒譯	150元
③窈窕淑女美髮秘訣	柯素娥譯	130元
④使妳更迷人	成　玉譯	130元
⑤女性的更年期	官舒妍編譯	160元
⑥胎內育兒法	李玉瓊編譯	150元
⑦早產兒袋鼠式護理	唐岱蘭譯	200元
⑧初次懷孕與生產	婦幼天地編譯組	180元
⑨初次育兒12個月	婦幼天地編譯組	180元
⑩斷乳食與幼兒食	婦幼天地編譯組	180元
⑪培養幼兒能力與性向	婦幼天地編譯組	180元
⑫培養幼兒創造力的玩具與遊戲	婦幼天地編譯組	180元
⑬幼兒的症狀與疾病	婦幼天地編譯組	180元
⑭腿部苗條健美法	婦幼天地編譯組	150元
⑮女性腰痛別忽視	婦幼天地編譯組	150元
⑯舒展身心體操術	李玉瓊編譯	130元
⑰三分鐘臉部體操	趙薇妮著	160元
⑱生動的笑容表情術	趙薇妮著	160元
⑲心曠神怡減肥法	川津祐介著	130元
⑳內衣使妳更美麗	陳玄茹譯	130元
㉑瑜伽美姿美容	黃靜香編著	150元
㉒高雅女性裝扮學	陳珮玲譯	180元
㉓蠶糞肌膚美顏法	坂梨秀子著	160元
㉔認識妳的身體	李玉瓊譯	160元
㉕產後恢復苗條體態	居理安・芙萊喬著	200元
㉖正確護髮美容法	山崎伊久江著	180元
㉗安琪拉美姿養生學	安琪拉蘭斯博瑞著	180元
㉘女體性醫學剖析	增田豐著	220元
㉙懷孕與生產剖析	岡部綾子著	180元
㉚斷奶後的健康育兒	東城百合子著	220元
㉛引出孩子幹勁的責罵藝術	多湖輝著	170元
㉜培養孩子獨立的藝術	多湖輝著	170元

㉝子宮肌瘤與卵巢囊腫	陳秀琳編著	180元
㉞下半身減肥法	納他夏・史達賓著	180元
㉟女性自然美容法	吳雅菁編著	180元

・青春天地・電腦編號 17

①A血型與星座	柯素娥編譯	120元
②B血型與星座	柯素娥編譯	120元
③O血型與星座	柯素娥編譯	120元
④AB血型與星座	柯素娥編譯	120元
⑤青春期性教室	呂貴嵐編譯	130元
⑥事半功倍讀書法	王毅希編譯	150元
⑦難解數學破題	宋釗宜編譯	130元
⑧速算解題技巧	宋釗宜編譯	130元
⑨小論文寫作秘訣	林顯茂編譯	120元
⑪中學生野外遊戲	熊谷康編著	120元
⑫恐怖極短篇	柯素娥編譯	130元
⑬恐怖夜話	小毛驢編譯	130元
⑭恐怖幽默短篇	小毛驢編譯	120元
⑮黑色幽默短篇	小毛驢編譯	120元
⑯靈異怪談	小毛驢編譯	130元
⑰錯覺遊戲	小毛驢編譯	130元
⑱整人遊戲	小毛驢編著	150元
⑲有趣的超常識	柯素娥編譯	130元
⑳哦！原來如此	林慶旺編譯	130元
㉑趣味競賽100種	劉名揚編譯	120元
㉒數學謎題入門	宋釗宜編譯	150元
㉓數學謎題解析	宋釗宜編譯	150元
㉔透視男女心理	林慶旺編譯	120元
㉕少女情懷的自白	李桂蘭編譯	120元
㉖由兄弟姊妹看命運	李玉瓊編譯	130元
㉗趣味的科學魔術	林慶旺編譯	150元
㉘趣味的心理實驗室	李燕玲編譯	150元
㉙愛與性心理測驗	小毛驢編譯	130元
㉚刑案推理解謎	小毛驢編譯	130元
㉛偵探常識推理	小毛驢編譯	130元
㉜偵探常識解謎	小毛驢編譯	130元
㉝偵探推理遊戲	小毛驢編譯	130元
㉞趣味的超魔術	廖玉山編著	150元
㉟趣味的珍奇發明	柯素娥編著	150元
㊱登山用具與技巧	陳瑞菊編著	150元

・健康天地・電腦編號18

①壓力的預防與治療	柯素娥編譯	130元
②超科學氣的魔力	柯素娥編譯	130元
③尿療法治病的神奇	中尾良一著	130元
④鐵證如山的尿療法奇蹟	廖玉山譯	120元
⑤一日斷食健康法	葉慈容編譯	150元
⑥胃部強健法	陳炳崑譯	120元
⑦癌症早期檢查法	廖松濤譯	160元
⑧老人痴呆症防止法	柯素娥編譯	130元
⑨松葉汁健康飲料	陳麗芬編譯	130元
⑩揉肚臍健康法	永井秋夫著	150元
⑪過勞死、猝死的預防	卓秀貞編譯	130元
⑫高血壓治療與飲食	藤山順豐著	150元
⑬老人看護指南	柯素娥編譯	150元
⑭美容外科淺談	楊啟宏著	150元
⑮美容外科新境界	楊啟宏著	150元
⑯鹽是天然的醫生	西英司郎著	140元
⑰年輕十歲不是夢	梁瑞麟譯	200元
⑱茶料理治百病	桑野和民著	180元
⑲綠茶治病寶典	桑野和民著	150元
⑳杜仲茶養顏減肥法	西田博著	150元
㉑蜂膠驚人療效	瀨長良三郎著	150元
㉒蜂膠治百病	瀨長良三郎著	180元
㉓醫藥與生活	鄭炳全著	180元
㉔鈣長生寶典	落合敏著	180元
㉕大蒜長生寶典	木下繁太郎著	160元
㉖居家自我健康檢查	石川恭三著	160元
㉗永恒的健康人生	李秀鈴譯	200元
㉘大豆卵磷脂長生寶典	劉雪卿譯	150元
㉙芳香療法	梁艾琳譯	160元
㉚醋長生寶典	柯素娥譯	180元
㉛從星座透視健康	席拉・吉蒂斯著	180元
㉜愉悅自在保健學	野本二士夫著	160元
㉝裸睡健康法	丸山淳士等著	160元
㉞糖尿病預防與治療	藤田順豐著	180元
㉟維他命長生寶典	菅原明子著	180元
㊱維他命C新效果	鐘文訓編	150元
㊲手、腳病理按摩	堤芳郎著	160元
㊳AIDS瞭解與預防	彼得塔歇爾著	180元

㊴甲殼質殼聚糖健康法	沈永嘉譯	160元
㊵神經痛預防與治療	木下眞男著	160元
㊶室內身體鍛鍊法	陳炳崑編著	160元
㊷吃出健康藥膳	劉大器編著	180元
㊸自我指壓術	蘇燕謀編著	160元
㊹紅蘿蔔汁斷食療法	李玉瓊編著	150元
㊺洗心術健康秘法	竺翠萍編譯	170元
㊻枇杷葉健康療法	柯素娥編譯	180元
㊼抗衰血癒	楊啟宏著	180元
㊽與癌搏鬥記	逸見政孝著	180元
㊾冬蟲夏草長生寶典	高橋義博著	170元
㊿痔瘡・大腸疾病先端療法	宮島伸宜著	180元
51膠布治癒頑固慢性病	加瀨建造著	180元
52芝麻神奇健康法	小林貞作著	170元
53香煙能防止癡呆？	高田明和著	180元
54穀菜食治癌療法	佐藤成志著	180元

・實用女性學講座・電腦編號 19

①解讀女性內心世界	島田一男著	150元
②塑造成熟的女性	島田一男著	150元
③女性整體裝扮學	黃靜香編著	180元
④女性應對禮儀	黃靜香編著	180元

・校 園 系 列・電腦編號 20

①讀書集中術	多湖輝著	150元
②應考的訣竅	多湖輝著	150元
③輕鬆讀書贏得聯考	多湖輝著	150元
④讀書記憶秘訣	多湖輝著	150元
⑤視力恢復！超速讀術	江錦雲譯	180元
⑥讀書36計	黃柏松編著	180元
⑦驚人的速讀術	鐘文訓編著	170元

・實用心理學講座・電腦編號 21

①拆穿欺騙伎倆	多湖輝著	140元
②創造好構想	多湖輝著	140元
③面對面心理術	多湖輝著	160元
④偽裝心理術	多湖輝著	140元
⑤透視人性弱點	多湖輝著	140元

⑥自我表現術	多湖輝著	150元
⑦不可思議的人性心理	多湖輝著	150元
⑧催眠術入門	多湖輝著	150元
⑨責罵部屬的藝術	多湖輝著	150元
⑩精神力	多湖輝著	150元
⑪厚黑說服術	多湖輝著	150元
⑫集中力	多湖輝著	150元
⑬構想力	多湖輝著	150元
⑭深層心理術	多湖輝著	160元
⑮深層語言術	多湖輝著	160元
⑯深層說服術	多湖輝著	180元
⑰掌握潛在心理	多湖輝著	160元
⑱洞悉心理陷阱	多湖輝著	180元
⑲解讀金錢心理	多湖輝著	180元
⑳拆穿語言圈套	多湖輝著	180元
㉑語言的心理戰	多湖輝著	180元

・超現實心理講座・電腦編號 22

①超意識覺醒法	詹蔚芬編譯	130元
②護摩秘法與人生	劉名揚編譯	130元
③秘法！超級仙術入門	陸　明譯	150元
④給地球人的訊息	柯素娥編著	150元
⑤密教的神通力	劉名揚編著	130元
⑥神秘奇妙的世界	平川陽一著	180元
⑦地球文明的超革命	吳秋嬌譯	200元
⑧力量石的秘密	吳秋嬌譯	180元
⑨超能力的靈異世界	馬小莉譯	200元
⑩逃離地球毀滅的命運	吳秋嬌譯	200元
⑪宇宙與地球終結之謎	南山宏著	200元
⑫驚世奇功揭秘	傅起鳳著	200元
⑬啟發身心潛力心象訓練法	栗田昌裕著	180元
⑭仙道術遁甲法	高藤聰一郎著	220元
⑮神通力的秘密	中岡俊哉著	180元

・養　生　保　健・電腦編號 23

①醫療養生氣功	黃孝寬著	250元
②中國氣功圖譜	余功保著	230元
③少林醫療氣功精粹	井玉蘭著	250元
④龍形實用氣功	吳大才等著	220元

⑤魚戲增視強身氣功	宮　嬰著	220元
⑥嚴新氣功	前新培金著	250元
⑦道家玄牝氣功	張　章著	200元
⑧仙家秘傳袪病功	李遠國著	160元
⑨少林十大健身功	秦慶豐著	180元
⑩中國自控氣功	張明武著	250元
⑪醫療防癌氣功	黃孝寬著	250元
⑫醫療強身氣功	黃孝寬著	250元
⑬醫療點穴氣功	黃孝寬著	250元
⑭中國八卦如意功	趙維漢著	180元
⑮正宗馬禮堂養氣功	馬禮堂著	420元
⑯秘傳道家筋經內丹功	王慶餘著	280元
⑰三元開慧功	辛桂林著	250元
⑱防癌治癌新氣功	郭　林著	180元
⑲禪定與佛家氣功修煉	劉天君著	200元
⑳顚倒之術	梅自強著	元
㉑簡明氣功辭典	吳家駿編	元

・社會人智囊・電腦編號 24

①糾紛談判術	清水增三著	160元
②創造關鍵術	淺野八郎著	150元
③觀人術	淺野八郎著	180元
④應急詭辯術	廖英迪編著	160元
⑤天才家學習術	木原武一著	160元
⑥猫型狗式鑑人術	淺野八郎著	180元
⑦逆轉運掌握術	淺野八郎著	180元
⑧人際圓融術	澀谷昌三著	160元
⑨解讀人心術	淺野八郎著	180元
⑩與上司水乳交融術	秋元隆司著	180元
⑪男女心態定律	小田晉著	180元
⑫幽默說話術	林振輝編著	200元
⑬人能信賴幾分	淺野八郎著	180元
⑭我一定能成功	李玉瓊譯	元
⑮獻給青年的嘉言	陳蒼杰譯	元
⑯知人、知面、知其心	林振輝編著	元

・精 選 系 列・電腦編號 25

①毛澤東與鄧小平	渡邊利夫等著	280元
②中國大崩裂	江戶介雄著	180元

③台灣・亞洲奇蹟	上村幸治著	220元
④7-ELEVEN高盈收策略	國友隆一著	180元
⑤台灣獨立	森　詠著	200元
⑥迷失中國的末路	江戶雄介著	220元
⑦2000年5月全世界毀滅	紫藤甲子男著	180元

・運動遊戲・電腦編號26

①雙人運動	李玉瓊譯	160元
②愉快的跳繩運動	廖玉山譯	180元
③運動會項目精選	王佑京譯	150元
④肋木運動	廖玉山譯	150元
⑤測力運動	王佑宗譯	150元

・銀髮族智慧學・電腦編號28

①銀髮六十樂逍遙	多湖輝著	170元
②人生六十反年輕	多湖輝著	170元
③六十歲的決斷	多湖輝著	170元

・心靈雅集・電腦編號00

①禪言佛語看人生	松濤弘道著	180元
②禪密教的奧秘	葉逯謙譯	120元
③觀音大法力	田口日勝著	120元
④觀音法力的大功德	田口日勝著	120元
⑤達摩禪106智慧	劉華亭編譯	150元
⑥有趣的佛教研究	葉逯謙編譯	120元
⑦夢的開運法	蕭京凌譯	130元
⑧禪學智慧	柯素娥編譯	130元
⑨女性佛教入門	許俐萍譯	110元
⑩佛像小百科	心靈雅集編譯組	130元
⑪佛教小百科趣談	心靈雅集編譯組	120元
⑫佛教小百科漫談	心靈雅集編譯組	150元
⑬佛教知識小百科	心靈雅集編譯組	150元
⑭佛學名言智慧	松濤弘道著	220元
⑮釋迦名言智慧	松濤弘道著	220元
⑯活人禪	平田精耕著	120元
⑰坐禪入門	柯素娥編譯	150元
⑱現代禪悟	柯素娥編譯	130元
⑲道元禪師語錄	心靈雅集編譯組	130元

⑳佛學經典指南	心靈雅集編譯組	130元
㉑何謂「生」　阿含經	心靈雅集編譯組	150元
㉒一切皆空　般若心經	心靈雅集編譯組	150元
㉓超越迷惘　法句經	心靈雅集編譯組	130元
㉔開拓宇宙觀　華嚴經	心靈雅集編譯組	130元
㉕真實之道　法華經	心靈雅集編譯組	130元
㉖自由自在　涅槃經	心靈雅集編譯組	130元
㉗沈默的教示　維摩經	心靈雅集編譯組	150元
㉘開通心眼　佛語佛戒	心靈雅集編譯組	130元
㉙揭秘寶庫　密教經典	心靈雅集編譯組	130元
㉚坐禪與養生	廖松濤譯	110元
㉛釋尊十戒	柯素娥編譯	120元
㉜佛法與神通	劉欣如編著	120元
㉝悟（正法眼藏的世界）	柯素娥編譯	120元
㉞只管打坐	劉欣如編著	120元
㉟喬答摩・佛陀傳	劉欣如編著	120元
㊱唐玄奘留學記	劉欣如編著	120元
㊲佛教的人生觀	劉欣如編譯	110元
㊳無門關（上卷）	心靈雅集編譯組	150元
㊴無門關（下卷）	心靈雅集編譯組	150元
㊵業的思想	劉欣如編著	130元
㊶佛法難學嗎	劉欣如著	140元
㊷佛法實用嗎	劉欣如著	140元
㊸佛法殊勝嗎	劉欣如著	140元
㊹因果報應法則	李常傳編	140元
㊺佛教醫學的奧秘	劉欣如編著	150元
㊻紅塵絕唱	海　若著	130元
㊼佛教生活風情	洪丕謨、姜玉珍著	220元
㊽行住坐臥有佛法	劉欣如著	160元
㊾起心動念是佛法	劉欣如著	160元
㊿四字禪語	曹洞宗青年會	200元
(51)妙法蓮華經	劉欣如編著	160元
(52)根本佛教與大乘佛教	葉作森編	180元

•經營管理• 電腦編號01

◎創新經營管理六十六大計（精）	蔡弘文編	780元
①如何獲取生意情報	蘇燕謀譯	110元
②經濟常識問答	蘇燕謀譯	130元
④台灣商戰風雲錄	陳中雄著	120元
⑤推銷大王秘錄	原一平著	180元

⑥新創意•賺大錢	王家成譯	90元
⑦工廠管理新手法	琪　輝著	120元
⑨經營參謀	柯順隆譯	120元
⑩美國實業24小時	柯順隆譯	80元
⑪撼動人心的推銷法	原一平著	150元
⑫高竿經營法	蔡弘文編	120元
⑬如何掌握顧客	柯順隆譯	150元
⑭一等一賺錢策略	蔡弘文編	120元
⑯成功經營妙方	鐘文訓著	120元
⑰一流的管理	蔡弘文編	150元
⑱外國人看中韓經濟	劉華亭譯	150元
⑳突破商場人際學	林振輝編著	90元
㉑無中生有術	琪輝編著	140元
㉒如何使女人打開錢包	林振輝編著	100元
㉓操縱上司術	邑井操著	90元
㉔小公司經營策略	王嘉誠著	160元
㉕成功的會議技巧	鐘文訓編譯	100元
㉖新時代老闆學	黃柏松編著	100元
㉗如何創造商場智囊團	林振輝編譯	150元
㉘十分鐘推銷術	林振輝編譯	180元
㉙五分鐘育才	黃柏松編譯	100元
㉚成功商場戰術	陸明編譯	100元
㉛商場談話技巧	劉華亭編譯	120元
㉜企業帝王學	鐘文訓譯	90元
㉝自我經濟學	廖松濤編譯	100元
㉞一流的經營	陶田生編著	120元
㉟女性職員管理術	王昭國編譯	120元
㊱ＩＢＭ的人事管理	鐘文訓編譯	150元
㊲現代電腦常識	王昭國編譯	150元
㊳電腦管理的危機	鐘文訓編譯	120元
㊴如何發揮廣告效果	王昭國編譯	150元
㊵最新管理技巧	王昭國編譯	150元
㊶一流推銷術	廖松濤編譯	150元
㊷包裝與促銷技巧	王昭國編譯	130元
㊸企業王國指揮塔	松下幸之助著	120元
㊹企業精銳兵團	松下幸之助著	120元
㊺企業人事管理	松下幸之助著	100元
㊻華僑經商致富術	廖松濤編譯	130元
㊼豐田式銷售技巧	廖松濤編譯	180元
㊽如何掌握銷售技巧	王昭國編著	130元
㊿洞燭機先的經營	鐘文訓編譯	150元

㊿新世紀的服務業	鐘文訓編譯	100元
㊿成功的領導者	廖松濤編譯	120元
㊿女推銷員成功術	李玉瓊編譯	130元
㊿ＩＢＭ人才培育術	鐘文訓編譯	100元
㊿企業人自我突破法	黃琪輝編著	150元
㊿財富開發術	蔡弘文編著	130元
㊿成功的店舖設計	鐘文訓編著	150元
㊿企管回春法	蔡弘文編著	130元
㊿小企業經營指南	鐘文訓編譯	100元
㊿商場致勝名言	鐘文訓編譯	150元
㊿迎接商業新時代	廖松濤編譯	100元
㊿新手股票投資入門	何朝乾　編	180元
㊿上揚股與下跌股	何朝乾編譯	180元
㊿股票速成學	何朝乾編譯	200元
㊿理財與股票投資策略	黃俊豪編著	180元
㊿黃金投資策略	黃俊豪編著	180元
㊿厚黑管理學	廖松濤編譯	180元
㊿股市致勝格言	呂梅莎編譯	180元
㊿透視西武集團	林谷燁編譯	150元
㊿巡迴行銷術	陳蒼杰譯	150元
㊿推銷的魔術	王嘉誠譯	120元
㊿60秒指導部屬	周蓮芬編譯	150元
㊿精銳女推銷員特訓	李玉瓊編譯	130元
㊿企劃、提案、報告圖表的技巧	鄭　汶　譯	180元
㊿海外不動產投資	許達守編譯	150元
㊿八百伴的世界策略	李玉瓊譯	150元
㊿服務業品質管理	吳宜芬譯	180元
㊿零庫存銷售	黃東謙編譯	150元
㊿三分鐘推銷管理	劉名揚編譯	150元
㊿推銷大王奮鬥史	原一平著	150元
㊿豐田汽車的生產管理	林谷燁編譯	150元

・成功寶庫・電腦編號02

①上班族交際術	江森滋著	100元
②拍馬屁訣竅	廖玉山編譯	110元
④聽話的藝術	歐陽輝編譯	110元
⑨求職轉業成功術	陳　義編著	110元
⑩上班族禮儀	廖玉山編著	120元
⑪接近心理學	李玉瓊編著	100元
⑫創造自信的新人生	廖松濤編著	120元

⑭上班族如何出人頭地	廖松濤編著	100元
⑮神奇瞬間瞑想法	廖松濤編譯	100元
⑯人生成功之鑰	楊意苓編著	150元
⑲給企業人的諍言	鐘文訓編著	120元
⑳企業家自律訓練法	陳　義編譯	100元
㉑上班族妖怪學	廖松濤編著	100元
㉒猶太人縱橫世界的奇蹟	孟佑政編著	110元
㉓訪問推銷術	黃静香編著	130元
㉕你是上班族中強者	嚴思圖編著	100元
㉖向失敗挑戰	黃静香編著	100元
㉙機智應對術	李玉瓊編著	130元
㉚成功頓悟100則	蕭京凌編譯	130元
㉛掌握好運100則	蕭京凌編譯	110元
㉜知性幽默	李玉瓊編譯	130元
㉝熟記對方絕招	黃静香編譯	100元
㉞男性成功秘訣	陳蒼杰編譯	130元
㊱業務員成功秘方	李玉瓊編著	120元
㊲察言觀色的技巧	劉華亭編著	130元
㊳一流領導力	施義彥編譯	120元
㊴一流說服力	李玉瓊編著	130元
㊵30秒鐘推銷術	廖松濤編譯	150元
㊶猶太成功商法	周蓮芬編譯	120元
㊷尖端時代行銷策略	陳蒼杰編著	100元
㊸顧客管理學	廖松濤編著	100元
㊹如何使對方說Yes	程　羲編著	150元
㊺如何提高工作效率	劉華亭編著	150元
㊼上班族口才學	楊鴻儒譯	120元
㊽上班族新鮮人須知	程　羲編著	120元
㊾如何左右逢源	程　羲編著	130元
㊿語言的心理戰	多湖輝著	130元
51扣人心弦演說術	劉名揚編著	120元
53如何增進記憶力、集中力	廖松濤譯	130元
55性惡企業管理學	陳蒼杰譯	130元
56自我啟發200招	楊鴻儒編著	150元
57做個傑出女職員	劉名揚編著	130元
58靈活的集團營運術	楊鴻儒編著	120元
60個案研究活用法	楊鴻儒編著	130元
61企業教育訓練遊戲	楊鴻儒編著	120元
62管理者的智慧	程　義編譯	130元
63做個佼佼管理者	馬筱莉編譯	130元
64智慧型說話技巧	沈永嘉編譯	130元

⑥⑥活用佛學於經營	松濤弘道著	150元
⑥⑦活用禪學於企業	柯素娥編譯	130元
⑥⑧詭辯的智慧	沈永嘉編譯	150元
⑥⑨幽默詭辯術	廖玉山編譯	150元
⑦⓪拿破崙智慧箴言	柯素娥編譯	130元
⑦①自我培育・超越	蕭京凌編譯	150元
⑦④時間即一切	沈永嘉編譯	130元
⑦⑤自我脫胎換骨	柯素娥譯	150元
⑦⑥贏在起跑點─人才培育鐵則	楊鴻儒編譯	150元
⑦⑦做一枚活棋	李玉瓊編譯	130元
⑦⑧面試成功戰略	柯素娥編譯	130元
⑦⑨自我介紹與社交禮儀	柯素娥編譯	150元
⑧⓪說NO的技巧	廖玉山編譯	130元
⑧①瞬間攻破心防法	廖玉山編譯	120元
⑧②改變一生的名言	李玉瓊編譯	130元
⑧③性格性向創前程	楊鴻儒編譯	130元
⑧④訪問行銷新竅門	廖玉山編譯	150元
⑧⑤無所不達的推銷話術	李玉瓊編譯	150元

・處 世 智 慧・電腦編號03

①如何改變你自己	陸明編譯	120元
④幽默說話術	林振輝編譯	120元
⑤讀書36計	黃柏松編譯	120元
⑥靈感成功術	譚繼山編譯	80元
⑧扭轉一生的五分鐘	黃柏松編譯	100元
⑨知人、知面、知其心	林振輝譯	110元
⑩現代人的詭計	林振輝譯	100元
⑫如何利用你的時間	蘇遠謀譯	80元
⑬口才必勝術	黃柏松編譯	120元
⑭女性的智慧	譚繼山編譯	90元
⑮如何突破孤獨	張文志編譯	80元
⑯人生的體驗	陸明編譯	80元
⑰微笑社交術	張芳明譯	90元
⑱幽默吹牛術	金子登著	90元
⑲攻心說服術	多湖輝著	100元
⑳當機立斷	陸明編譯	70元
㉑勝利者的戰略	宋恩臨編譯	80元
㉒如何交朋友	安紀芳編著	70元
㉓鬥智奇謀（諸葛孔明兵法）	陳炳崑著	70元
㉔慧心良言	亦　奇著	80元

㉕名家慧語	蔡逸鴻主編	90元
㉗稱霸者啟示金言	黃柏松編譯	90元
㉘如何發揮你的潛能	陸明編譯	90元
㉙女人身態語言學	李常傳譯	130元
㉚摸透女人心	張文志譯	90元
㉛現代戀愛秘訣	王家成譯	70元
㉜給女人的悄悄話	妮倩編譯	90元
㉞如何開拓快樂人生	陸明編譯	90元
㉟驚人時間活用法	鐘文訓譯	80元
㊱成功的捷徑	鐘文訓譯	70元
㊲幽默逗笑術	林振輝著	120元
㊳活用血型讀書法	陳炳崑譯	80元
㊴心　燈	葉于模著	100元
㊵當心受騙	林顯茂譯	90元
㊶心・體・命運	蘇燕謀譯	70元
㊷如何使頭腦更敏銳	陸明編譯	70元
㊸宮本武藏五輪書金言錄	宮本武藏著	100元
㊺勇者的智慧	黃柏松編譯	80元
㊼成熟的愛	林振輝譯	120元
㊽現代女性駕馭術	蔡德華著	90元
㊾禁忌遊戲	酒井潔著	90元
52摸透男人心	劉華亭編譯	80元
53如何達成願望	謝世輝著	90元
54創造奇蹟的「想念法」	謝世輝著	90元
55創造成功奇蹟	謝世輝著	90元
56男女幽默趣典	劉華亭譯	90元
57幻想與成功	廖松濤譯	80元
58反派角色的啟示	廖松濤編譯	70元
59現代女性須知	劉華亭編著	75元
61機智說話術	劉華亭編譯	100元
62如何突破內向	姜倩怡編譯	110元
64讀心術入門	王家成編譯	100元
65如何解除內心壓力	林美羽編著	110元
66取信於人的技巧	多湖輝著	110元
67如何培養堅強的自我	林美羽編著	90元
68自我能力的開拓	卓一凡編著	110元
70縱橫交渉術	嚴思圖編著	90元
71如何培養妳的魅力	劉文珊編著	90元
72魅力的力量	姜倩怡編著	90元
73金錢心理學	多湖輝著	100元
74語言的圈套	多湖輝著	110元

⑺個性膽怯者的成功術	廖松濤編譯	100元
⑺人性的光輝	文可式編著	90元
⑺培養靈敏頭腦秘訣	廖玉山編著	90元
⑻夜晚心理術	鄭秀美編譯	80元
⑻如何做個成熟的女性	李玉瓊編著	80元
⑻現代女性成功術	劉文珊編著	90元
⑻成功說話技巧	梁惠珠編譯	100元
⑻人生的真諦	鐘文訓編譯	100元
⑻妳是人見人愛的女孩	廖松濤編著	120元
⑻指尖・頭腦體操	蕭京凌編譯	90元
⑻電話應對禮儀	蕭京凌編著	120元
⑻自我表現的威力	廖松濤編譯	100元
⑼名人名語啟示錄	喬家楓編著	100元
⑼男與女的哲思	程鐘梅編譯	110元
⑼靈思慧語	牧　風著	110元
⑼心靈夜語	牧　風著	100元
⑼激盪腦力訓練	廖松濤編譯	100元
⑼三分鐘頭腦活性法	廖玉山編譯	110元
⑼星期一的智慧	廖玉山編譯	100元
⑼溝通說服術	賴文琇編譯	100元
⑼超速讀超記憶法	廖松濤編譯	140元

・健康與美容・電腦編號04

①B型肝炎預防與治療	曾慧琪譯	130元
③媚酒傳（中國王朝秘酒）	陸明主編	120元
④藥酒與健康果菜汁	成玉主編	150元
⑤中國回春健康術	蔡一藩著	100元
⑥奇蹟的斷食療法	蘇燕謀譯	110元
⑧健美食物法	陳炳崑譯	120元
⑨驚異的漢方療法	唐龍編著	90元
⑩不老強精食	唐龍編著	100元
⑫五分鐘跳繩健身法	蘇明達譯	100元
⑬睡眠健康法	王家成譯	80元
⑭你就是名醫	張芳明譯	90元
⑮如何保護你的眼睛	蘇燕謀譯	70元
⑲釋迦長壽健康法	譚繼山譯	90元
⑳腳部按摩健康法	譚繼山譯	120元
㉑自律健康法	蘇明達譯	90元
㉓身心保健座右銘	張仁福著	160元
㉔腦中風家庭看護與運動治療	林振輝譯	100元

㉕秘傳醫學人相術	成玉主編	120元
㉖導引術入門(1)治療慢性病	成玉主編	110元
㉗導引術入門(2)健康・美容	成玉主編	110元
㉘導引術入門(3)身心健康法	成玉主編	110元
㉙妙用靈藥・蘆薈	李常傳譯	150元
㉚萬病回春百科	吳通華著	150元
㉛初次懷孕的10個月	成玉編譯	130元
㉜中國秘傳氣功治百病	陳炳崑編譯	130元
㉟仙人長生不老學	陸明編譯	100元
㊱釋迦秘傳米粒刺激法	鐘文訓譯	120元
㊲痔・治療與預防	陸明編譯	130元
㊳自我防身絕技	陳炳崑編譯	120元
㊴運動不足時疲勞消除法	廖松濤譯	110元
㊵三溫暖健康法	鐘文訓編譯	90元
㊸維他命與健康	鐘文訓譯	150元
㊺森林浴—綠的健康法	劉華亭編譯	80元
㊼導引術入門(4)酒浴健康法	成玉主編	90元
㊽導引術入門(5)不老回春法	成玉主編	90元
㊾山白竹(劍竹)健康法	鐘文訓譯	90元
㊿解救你的心臟	鐘文訓編譯	100元
51牙齒保健法	廖玉山譯	90元
52超人氣功法	陸明編譯	110元
54借力的奇蹟(1)	力拔山著	100元
55借力的奇蹟(2)	力拔山著	100元
56五分鐘小睡健康法	呂添發撰	120元
57禿髮、白髮預防與治療	陳炳崑撰	120元
59艾草健康法	張汝明編譯	90元
60一分鐘健康診斷	蕭京凌編譯	90元
61念術入門	黃靜香編譯	90元
62念術健康法	黃靜香編譯	90元
63健身回春法	梁惠珠編譯	100元
64姿勢養生法	黃秀娟編譯	90元
65仙人瞑想法	鐘文訓譯	120元
66人蔘的神效	林慶旺譯	100元
67奇穴治百病	吳通華著	120元
68中國傳統健康法	靳海東著	100元
69下半身減肥法	納他夏・史達賓著	110元
70使妳的肌膚更亮麗	楊　皓編譯	100元
71酵素健康法	楊　皓編譯	120元
73腰痛預防與治療	五味雅吉著	100元
74如何預防心臟病・腦中風	譚定長等著	100元

⑮少女的生理秘密	蕭京凌譯	120元
⑯頭部按摩與針灸	楊鴻儒譯	100元
⑰雙極療術入門	林聖道著	100元
⑱氣功自療法	梁景蓮著	120元
⑲大蒜健康法	李玉瓊編譯	100元
㉛健胸美容秘訣	黃靜香譯	120元
㉜鍺奇蹟療效	林宏儒譯	120元
㉝三分鐘健身運動	廖玉山譯	120元
㉞尿療法的奇蹟	廖玉山譯	120元
㉟神奇的聚積療法	廖玉山譯	120元
㊱預防運動傷害伸展體操	楊鴻儒編譯	120元
㊳五日就能改變你	柯素娥譯	110元
㊴三分鐘氣功健康法	陳美華譯	120元
㊵痛風劇痛消除法	余昇凌譯	120元
㊶道家氣功術	早島正雄著	130元
㊷氣功減肥術	早島正雄著	120元
㊸超能力氣功法	柯素娥譯	130元
㊹氣的瞑想法	早島正雄著	120元

•家庭／生活•電腦編號05

①單身女郎生活經驗談	廖玉山編著	100元
②血型•人際關係	黃静編著	120元
③血型•妻子	黃静編著	110元
④血型•丈夫	廖玉山編譯	130元
⑤血型•升學考試	沈永嘉編譯	120元
⑥血型•臉型•愛情	鐘文訓編譯	120元
⑦現代社交須知	廖松濤編譯	100元
⑧簡易家庭按摩	鐘文訓編譯	150元
⑨圖解家庭看護	廖玉山編譯	120元
⑩生男育女隨心所欲	岡正基編著	160元
⑪家庭急救治療法	鐘文訓編著	100元
⑫新孕婦體操	林曉鐘譯	120元
⑬從食物改變個性	廖玉山編譯	100元
⑭藥草的自然療法	東城百合子著	200元
⑮糙米菜食與健康料理	東城百合子著	180元
⑯現代人的婚姻危機	黃　静編著	90元
⑰親子遊戲　0歲	林慶旺編譯	100元
⑱親子遊戲　1～2歲	林慶旺編譯	110元
⑲親子遊戲　3歲	林慶旺編譯	100元
⑳女性醫學新知	林曉鐘編譯	130元

㉑媽媽與嬰兒	張汝明編譯	180元
㉒生活智慧百科	黃　靜編譯	100元
㉓手相・健康・你	林曉鐘編譯	120元
㉔菜食與健康	張汝明編譯	110元
㉕家庭素食料理	陳東達著	140元
㉖性能力活用秘法	米開・尼里著	150元
㉗兩性之間	林慶旺編譯	120元
㉘性感經穴健康法	蕭京凌編譯	150元
㉙幼兒推拿健康法	蕭京凌編譯	100元
㉚談中國料理	丁秀山編著	100元
㉛舌技入門	增田豐　著	160元
㉜預防癌症的飲食法	黃靜香編譯	150元
㉝性與健康寶典	黃靜香編譯	180元
㉞正確避孕法	蕭京凌編譯	130元
㉟吃的更漂亮美容食譜	楊萬里著	120元
㊱圖解交際舞速成	鐘文訓編譯	150元
㊲觀相導引術	沈永嘉譯	130元
㊳初為人母12個月	陳義譯	180元
㊴圖解麻將入門	顧安行編譯	160元
㊵麻將必勝秘訣	石利夫編譯	160元
㊶女性一生與漢方	蕭京凌編譯	100元
㊷家電的使用與修護	鐘文訓編譯	160元
㊸錯誤的家庭醫療法	鐘文訓編譯	100元
㊹簡易防身術	陳慧珍編譯	130元
㊺茶健康法	鐘文訓編譯	130元
㊻雞尾酒大全	劉雪卿譯	180元
㊼生活的藝術	沈永嘉編著	120元
㊽雜草雜果健康法	沈永嘉編著	120元
㊾如何選擇理想妻子	荒谷慈著	110元
㊿如何選擇理想丈夫	荒谷慈著	110元
51中國食與性的智慧	根本光人著	150元
52開運法話	陳宏男譯	100元
53禪語經典＜上＞	平田精耕著	150元
54禪語經典＜下＞	平田精耕著	150元
55手掌按摩健康法	鐘文訓譯	180元
56脚底按摩健康法	鐘文訓譯	150元
57仙道運氣健身法	高藤聰一郎著	150元
58健心、健體呼吸法	蕭京凌譯	120元
59自彊術入門	蕭京凌譯	120元
60指技入門	增田豐著	160元
61下半身鍛鍊法	增田豐著	180元

㊷表象式學舞法	黃靜香編譯	180元
㊸圖解家庭瑜伽	鐘文訓譯	130元
㊹食物治療寶典	黃靜香編譯	130元
㊺智障兒保育入門	楊鴻儒譯	130元
㊻自閉兒童指導入門	楊鴻儒譯	180元
㊼乳癌發現與治療	黃靜香譯	130元
㊽盆栽培養與欣賞	廖啟新編譯	180元
㊾世界手語入門	蕭京凌編譯	180元
㊿賽馬必勝法	李錦雀編譯	200元
71中藥健康粥	蕭京凌編譯	120元
72健康食品指南	劉文珊編譯	130元
73健康長壽飲食法	鐘文訓編譯	150元
74夜生活規則	增田豐著	160元
75自製家庭食品	鐘文訓編譯	200元
76仙道帝王招財術	廖玉山譯	130元
77「氣」的蓄財術	劉名揚譯	130元
78佛教健康法入門	劉名揚譯	130元
79男女健康醫學	郭汝蘭譯	150元
80成功的果樹培育法	張煌編譯	130元
81實用家庭菜園	孔翔儀編譯	130元
82氣與中國飲食法	柯素娥編譯	130元
83世界生活趣譚	林其英著	160元
84胎教二八〇天	鄭淑美譯	180元
85酒自己動手釀	柯素娥編著	160元
86自己動「手」健康法	手嶋昇著	160元
87香味活用法	森田洋子著	160元
88寰宇趣聞搜奇	林其英著	200元

•命理與預言• 電腦編號06

①星座算命術	張文志譯	120元
②中國式面相學入門	蕭京凌編著	180元
③圖解命運學	陸明編著	200元
④中國秘傳面相術	陳炳崑編著	110元
⑤輪迴法則（生命轉生的秘密）	五島勉著	80元
⑥命名彙典	水雲居士編著	180元
⑦簡明紫微斗術命運學	唐龍編著	130元
⑧住宅風水吉凶判斷法	琪輝編譯	180元
⑨鬼谷算命秘術	鬼谷子著	150元
⑩密教開運咒法	中岡俊哉著	250元
⑪女性星魂術	岩滿羅門著	200元

⑫簡明四柱推命學	李常傳編譯	150元
⑬手相鑑定奧秘	高山東明著	200元
⑭簡易精確手相	高山東明著	200元
⑮啟示錄中的世界末日	蘇燕謀編譯	80元
⑯女巫的咒法	柯素娥譯	230元
⑰指紋算命學	邱夢蕾譯	90元
⑱樸克牌占卜入門	王家成譯	100元
⑲Ａ血型與十二生肖	鄒雲英編譯	90元
⑳Ｂ血型與十二生肖	鄒雲英編譯	90元
㉑Ｏ血型與十二生肖	鄒雲英編譯	100元
㉒ＡＢ血型與十二生肖	鄒雲英編譯	90元
㉓筆跡占卜學	周子敬著	220元
㉔神秘消失的人類	林達中譯	80元
㉕世界之謎與怪談	陳炳崑譯	80元
㉖符咒術入門	柳玉山人編	150元
㉗神奇的白符咒	柳玉山人編	160元
㉘神奇的紫符咒	柳玉山人編	200元
㉙秘咒魔法開運術	吳慧鈴編譯	180元
㉚諾米空秘咒法	馬克・矢崎著	220元
㉛改變命運的手相術	鐘文訓編著	120元
㉜黃帝手相占術	鮑黎明著	230元
㉝惡魔的咒法	杜美芳譯	230元
㉞脚相開運術	王瑞禎譯	130元
㉟面相開運術	許麗玲譯	150元
㊱房屋風水與運勢	邱震睿編譯	160元
㊲商店風水與運勢	邱震睿編譯	200元
㊳諸葛流天文遁甲	巫立華譯	150元
㊴聖帝五龍占術	廖玉山譯	180元
㊵萬能神算	張助馨編著	120元
㊶神秘的前世占卜	劉名揚譯	150元
㊷諸葛流奇門遁甲	巫立華譯	150元
㊸諸葛流四柱推命	巫立華譯	180元
㊹室內擺設創好運	小林祥晃著	200元
㊺室內裝潢開運法	小林祥晃著	230元
㊻新・大開運吉方位	小林祥晃著	200元
㊼風水的奧義	小林祥晃著	200元

・教 養 特 輯・電腦編號07

①管教子女絕招	多湖輝著	70元
⑤如何教育幼兒	林振輝譯	80元

⑥看圖學英文	陳炳崑編著	90元
⑦關心孩子的眼睛	陸明編	70元
⑧如何生育優秀下一代	邱夢蕾編著	100元
⑩現代育兒指南	劉華亭編譯	90元
⑫如何培養自立的下一代	黃静香編譯	80元
⑭教養孩子的母親暗示法	多湖輝著	90元
⑮奇蹟教養法	鐘文訓編譯	90元
⑯慈父嚴母的時代	多湖輝著	90元
⑰如何發現問題兒童的才智	林慶旺譯	100元
⑱再見！夜尿症	黃静香編譯	90元
⑲育兒新智慧	黃静編譯	90元
⑳長子培育術	劉華亭編譯	80元
㉑親子運動遊戲	蕭京凌編譯	90元
㉒一分鐘刺激會話法	鐘文訓編著	90元
㉓啟發孩子讀書的興趣	李玉瓊編著	100元
㉔如何使孩子更聰明	黃静編著	100元
㉕３・４歲育兒寶典	黃静香編譯	100元
㉖一對一教育法	林振輝編譯	100元
㉗母親的七大過失	鐘文訓編譯	100元
㉘幼兒才能開發測驗	蕭京凌編譯	100元
㉙教養孩子的智慧之眼	黃静香編譯	100元
㉚如何創造天才兒童	林振輝編譯	90元
㉛如何使孩子數學滿點	林明嬋編著	100元

•消遣特輯• 電腦編號08

①小動物飼養秘訣	徐道政譯	120元
②狗的飼養與訓練	張文志譯	130元
③四季釣魚法	釣朋會編	120元
④鴿的飼養與訓練	林振輝譯	120元
⑤金魚飼養法	鐘文訓編譯	130元
⑥熱帶魚飼養法	鐘文訓編譯	180元
⑧妙事多多	金家驊編譯	80元
⑨有趣的性知識	蘇燕謀編譯	100元
⑩圖解攝影技巧	譚繼山編譯	220元
⑪100種小鳥養育法	譚繼山編譯	200元
⑫樸克牌遊戲與贏牌秘訣	林振輝編譯	120元
⑬遊戲與餘興節目	廖松濤編著	100元
⑭樸克牌魔術・算命・遊戲	林振輝編譯	100元
⑯世界怪動物之謎	王家成譯	90元
⑰有趣智商測驗	譚繼山譯	120元

⑲絕妙電話遊戲	開心俱樂部著	80元
⑳透視超能力	廖玉山譯	90元
㉑戶外登山野營	劉青篁編譯	90元
㉒測驗你的智力	蕭京凌編著	90元
㉓有趣數字遊戲	廖玉山編著	90元
㉔巴士旅行遊戲	陳羲編著	110元
㉕快樂的生活常識	林泰彥編著	90元
㉖室內室外遊戲	蕭京凌編著	110元
㉗神奇的火柴棒測驗術	廖玉山編著	100元
㉘醫學趣味問答	陸明編譯	90元
㉙樸克牌單人遊戲	周蓮芬編譯	130元
㉚靈驗樸克牌占卜	周蓮芬編譯	120元
㉜性趣無窮	蕭京凌編譯	110元
㉝歡樂遊戲手册	張汝明編譯	100元
㉞美國技藝大全	程玫立編譯	100元
㉟聚會即興表演	高育強編譯	90元
㊱恐怖幽默	幽默選集編譯組	120元
㊲兩性幽默	幽默選集編譯組	100元
㊹藝術家幽默	幽默選集編譯組	100元
㊺旅遊幽默	幽默選集編譯組	100元
㊻投機幽默	幽默選集編譯組	100元
㊼異色幽默	幽默選集編譯組	100元
㊽青春幽默	幽默選集編譯組	100元
㊾焦點幽默	幽默選集編譯組	100元
㊿政治幽默	幽默選集編譯組	130元
51美國式幽默	幽默選集編譯組	130元

•語 文 特 輯 •電腦編號 09

①日本話1000句速成	王復華編著	60元
②美國話1000句速成	吳銘編著	60元
③美國話1000句速成　附卡帶		220元
④日本話1000句速成　附卡帶		220元
⑤簡明日本話速成	陳炳崑編著	90元

•武 術 特 輯 •電腦編號 10

①陳式太極拳入門	馮志強編著	150元
②武式太極拳	郝少如編著	150元
③練功十八法入門	蕭京凌編著	120元
④教門長拳	蕭京凌編譯	150元

⑤跆拳道	蕭京凌編譯	180元
⑥正傳合氣道	程曉鈴譯	180元
⑦圖解雙節棍	陳銘遠著	150元
⑧格鬥空手道	鄭旭旭編著	180元
⑨實用跆拳道	陳國榮編著	180元
⑩武術初學指南	李文英、解守德編著	250元
⑪泰國拳	陳國榮著	180元
⑫中國式摔跤	黃　斌編著	180元
⑬太極劍入門	李德印編著	180元
⑭太極拳運動	運動司編	220元
⑮太極拳譜	清・王宗岳等著	280元
⑯散手初學	冷　峰編著	180元

・趣味益智百科・電腦編號 11

②神奇魔術入門	陳炳崑譯	70元
③智商180訓練金頭腦	徐道政譯	90元
④趣味遊戲107入門	徐道政譯	60元
⑤漫畫入門	張芳明譯	70元
⑥氣象觀測入門	陳炳崑譯	50元
⑦圖解游泳入門	黃慶篤譯	80元
⑨少女派對入門	陳昱仁譯	70元
⑩簡易勞作入門	陳昱仁譯	70元
⑪手製玩具入門	趣味百科編譯組	80元
⑫圖解遊戲百科	趣味百科編譯組	70元
⑬奇妙火柴棒遊戲	趣味百科編譯組	70元
⑭奇妙手指遊戲	趣味百科編譯組	70元
⑮快樂的勞作—走	趣味百科編譯組	70元
⑯快樂的勞作—動	趣味百科編譯組	70元
⑰快樂的勞作—飛	趣味百科編譯組	70元
⑱不可思議的恐龍	趣味百科編譯組	70元
⑲不可思議的化石	趣味百科編譯組	70元
⑳偵探推理入門	趣味百科編譯組	70元
㉑愛與幸福占星術	趣味百科編譯組	70元

・神奇傳真・電腦編號 12

①鬼故事	賴曉梅著	70元
②妖怪故事	賴曉梅著	70元
③鬼怪故事	周維潔著	70元
④神鬼怪談	周維潔著	60元

國家圖書館出版品預行編目資料

我一定能成功／立木惠章著；李玉瓊譯
－－初版－－臺北市；大展．民85
面；　　公分，－（社會人智囊；14）
譯自：できる！できる！ゼッタイできる！
ISBN 957-557-645-4（平裝）

1. 成功法

177.2　　85010782

ISBN 957-557-645-4

我一定能成功

原 著 者／立木惠章
編 譯 者／李 玉 瓊
發 行 人／蔡 森 明
出 版 者／大展出版社有限公司
社　　址／台北市北投區（石牌）致遠一路二段12巷1號
電　　話／(02) 8236031・8236033
傳　　眞／(02) 8272069
郵政劃撥／0166955－1
登 記 證／局版臺業字第2171號
承 印 者／國順圖書印刷公司
裝　　訂／嶸興裝訂有限公司
排 版 者／千賓電腦打字有限公司
電　　話／（02）8812643
初　　版／1996年（民85年）9月
定　　價／180元

大展好書
好書大展

大展好書 好書大展